DOMÍNIO
EMOCIONAL
EM UMA ERA
EXPONENCIAL

LOUIS BURLAMAQUI

Autor de *Flua* e *A arte de fazer escolhas*

DOMÍNIO EMOCIONAL EM UMA ERA EXPONENCIAL

COMO CONTROLAR SUAS AÇÕES E REAÇÕES E ABRIR-SE A UMA VIDA EXTRAORDINÁRIA

PREFÁCIO DE
HUMBERTO MOTA
PRESIDENTE DA DUFRY DO BRASIL

4ª reimpressão

MEROPE

Copyright © Louis Burlamaqui, 2018
Copyright © Editora Merope, 2018

CAPA	Desenho Editorial
PROJETO GRÁFICO E DIAGRAMAÇÃO	Desenho Editorial
COPIDESQUE	Opus Editorial
REVISÃO	Opus Editorial
	Hebe Ester Lucas
COORDENAÇÃO EDITORIAL	Opus Editorial
DIREÇÃO EDITORIAL	Editora Merope

Todos os direitos reservados.
Proibida a reprodução, no todo ou em parte,
através de quaisquer meios.

DADOS INTERNACIONAIS DE CATALOGAÇÃO NA PUBLICAÇÃO (CIP)
(CÂMARA BRASILEIRA DO LIVRO, SP, BRASIL)

Burlamaqui, Louis
Domínio emocional em uma era exponencial : como controlar suas ações e reações e abrir-se a uma vida extraordinária / Louis Burlamaqui. --
Belo Horizonte, MG : Merope Editora, 2018.

ISBN 978-85-69729-10-5

1. Atitude - Mudança 2. Autoconhecimento (Psicologia) 3. Emoções 4. Meditação 5. Reflexões 6. Relações interpessoais I. Título.

18-13295   CDD-158.1

ÍNDICES PARA CATÁLOGO SISTEMÁTICO:
1. Autoconhecimento : Desenvolvimento pessoal : Psicologia aplicada 158.1

MEROPE EDITORA LTDA.
Rua Bernardo Guimarães, 245 sala 1602
30140-080 – Belo Horizonte – MG – Brasil
Fone/Fax: [55 31] 3222-8165
www.editoramerope.com.br

Dedico este livro a todos os milhares de praticantes dos ensinamentos que venho difundindo ao longo desta jornada, por meio das imersões e dos programas ministrados em inúmeras corporações. Vocês foram fundamentais para que eu pudesse entender a mim mesmo, entender as emoções e compreender como a espécie humana se manifesta quando confrontada e estimulada. Minha gratidão eterna!

─── SUMÁRIO ───

09   Prefácio
13   Introdução

PARTE I – DOMÍNIO EMOCIONAL

23   Capítulo 1 – Fora de controle
35   Capítulo 2 – Assuma a guiança
71   Capítulo 3 – Tudo de extraordinário em sua vida vem da alta energia
91   Capítulo 4 – Liberdade emocional, sua saúde em jogo

PARTE II – OS NOVE ESTADOS EMOCIONAIS EM UMA ERA EXPONENCIAL

113   Capítulo 5 – Apatia
139   Capítulo 6 – Tristeza
169   Capítulo 7 – Medo
193   Capítulo 8 – Raiva
215   Capítulo 9 – Luxúria
241   Capítulo 10 – Orgulho
265   Capítulo 11 – Paz
291   Capítulo 12 – Poder
321   Capítulo 13 – Alinhamento

355   Agradecimentos

— PREFÁCIO —

O livro *Domínio emocional em uma era exponencial*, de Louis Burlamaqui, apresenta uma visão integral do ser humano em todas as suas dimensões. É literalmente um livro de cabeceira.

Trata-se de uma leitura que leva à meditação e à reflexão, fonte de consultas próprias para os diversos momentos da vida.

Ao chegar às últimas páginas, precedidas de pausas nas quais retornava para rever o que já havia lido, tinha em minha mente a presença de tópicos que analisaram em profundidade as diversas reações humanas.

Louis Burlamaqui busca compreender e nos transmitir a natureza da alma. No capítulo "Alinhamento – Da harmonia à sabedoria" vale destacar o trecho de abertura: "Durante anos, senti como se eu tivesse duas vozes dentro de mim: uma dizendo 'vá' e a outra, 'fique'. Lutei por muito tempo para eliminar uma delas, quando finalmente percebi que precisava de ambas. Naquele momento, transcendi".

O livro nos conduz a uma viagem ao nosso interior mais profundo. Louis começa narrando sua experiência numa expedição ao Himalaia e ao Butão, na qual ele teve uma vivência extraordinária, trecho que exige uma reflexão integral do leitor. Termina a introdução dizendo: "Escrevi este livro com muitas chaves, *insights* e exercícios que podem lhe trazer o domínio emocional nesta era de acentuadas e disruptivas mudanças". Também afirma: "Em um mundo incerto, volátil, ambíguo e complexo, ter domínio emocional é um fator crítico de sobrevivência e até de fluidez para surfar nas mudanças".

Ao longo da leitura, nestes tempos que o autor denomina era do conhecimento, Louis nos leva à constatação de que estamos em pleno renascimento, fruto das inovações trazidas pela revolução da internet. Em suas palavras, "se nós descrevêssemos o que possuímos no mundo atual para um habitante do nosso planeta em 1970, ele provavelmente nos chamaria de lunáticos. De igual forma, por mais estranhas e utópicas que as possibilidades descritas possam parecer, é certo que precisamos nos preparar para aceitar toda e qualquer radical mudança que venha pela frente e seus impactos".

As mudanças estão classificadas em quatro domínios: mudanças de consciência, mudanças das estruturas, mudanças das relações e mudanças na liderança. Em seguida ele explica que a era exponencial se caracteriza por um aumento que ocorre "quando a taxa de crescimento não depende de um valor constante". Observa que "o gênero humano é o único que vive desconectado do planeta, dos seres e das forças da natureza, salvo exceções – como, por exemplo, algumas tribos indígenas".

Na sua visão, isso explica por que quase 300 mil pessoas morreram no maior tsunami da história, ocorrido em 26 de dezembro de 2004, no Oceano Índico, ao passo que aves e animais, muitas horas antes dessa catástrofe, haviam batido em retirada terra adentro, ficando longe das praias. O autor demonstra que a energia é o centro de tudo e que nós somos a síntese da pura energia.

Na Parte 2, Louis discute os nove estados emocionais em uma era exponencial. Discorre sobre apatia, tristeza, medo, raiva, luxúria, orgulho, paz, poder e alinhamento.

Cada um desses estados é dissecado nas diversas situações em que a vida nos coloca. As conclusões nos inquietam, mas também nos apontam o caminho da harmonia e do equilíbrio. Poderíamos usar a palavra sabedoria como chave dessas análises por meio das quais o livro nos revela a natureza da alma e sua transcendência.

Autor de dois outros livros, *Flua* e *A arte de fazer escolhas*, Louis Burlamaqui aprofunda aqui as suas experiências. Sem dúvida estamos diante de um homem altamente espiritualizado, que nos disponibiliza, com amor e generosidade, os conhecimentos acumulados numa vida toda dedicada a trabalhar com o ser humano, na busca do aperfeiçoamento individual e coletivo.

Na semana em que me dediquei à leitura deste livro especial, vivi sensações que me levaram muitas vezes a recordar passagens de minha infância e juventude. No Capítulo 2 está escrito: "O simples fato de existir em um corpo requer uma introdução local. Estamos lotados em um campo unificado, um planeta, que tem localidades. Nos dias atuais, toda localidade existente no mundo tem uma identidade social, cultural e linguística formada por premissas históricas. Ao nascer em um determinado local, um ser humano, independentemente de sua vontade, deixará sua condição de centelha divina e será educado de acordo com hábitos locais, terá um idioma primário e receberá uma identidade de origem. Essa condição traz, inevitavelmente, um grau de separação de tudo o que o homem é. Uma criança, em sua essência, não tem pátria, não vê diferença de raças, não se acanha quando existem barreiras, pois ela simplesmente é e tudo é uma coisa só. Ela vive na unidade".

São lições de simplicidade e sabedoria, de amor e generosidade, de fé e crença inabalável no ser humano integral.

Uma das lembranças que o livro suscitou em mim foi a de uma aula de francês, no curso ginasial, em que o livro-texto contava a história de um rei hipocondríaco.

Procurando uma cura para a sua melancolia, o rei convocou todos os sábios do reino para identificar-lhe a causa e o remédio para superá-la. Dias de discussões levaram os sábios a uma conclusão: para recuperar a sua alegria, o rei teria que vestir a camisa do homem mais feliz de todo o reino. Meses de buscas permitiram que ele fosse identificado e levado à presença de Sua Majestade. Para surpresa do soberano e de toda a corte, o homem mais feliz do reino não tinha camisa.

Belíssima e singela parábola.

O livro nos leva a uma viagem sobre nós mesmos. Ao mais profundo do nosso ser. Sua leitura nos enriquece e abre caminhos para que nos aperfeiçoemos e nos tornemos melhores.

Esta é a missão a que Louis Burlamaqui se propõe e em nome da qual vive, intensamente, todos os seus dias.

Humberto Mota
Presidente da Dufry do Brasil
Rio de Janeiro, 2018

―― INTRODUÇÃO ――

Katmandu, Nepal, 2015

Era janeiro de 2015 e conduzi um grupo do programa de competências emocionais FLUA em uma expedição ao Himalaia e ao Butão. Essa era uma Global Experience, um programa que ofereço a cada dezoito meses a um seleto grupo de pessoas que participa de imersões comigo. Havíamos preparado a viagem com muitos detalhes, pois era uma jornada complexa: em um local distante, com um idioma e uma cultura diferentes e ainda éramos um grupo heterogêneo, com pessoas de 14 a 77 anos.

Com tudo pronto, tomamos um avião de São Paulo para Doha e depois chegamos a Katmandu, capital do Nepal. Apesar da longa viagem, estávamos todos em êxtase por viver aquela experiência única, na qual estaríamos prontos para caminhar nas montanhas mais altas do mundo, convivendo com um povo extraordinário e dormindo acolhidos nas noites frias, próximos do Everest.

Nos primeiros dias, acostumamo-nos à altitude e tivemos a oportunidade de conviver com um povo muito pobre, gentil e humilde. Katmandu sofria com cortes de energia cerca de três vezes ao dia. Mas a população local entendeu e aceitou que os turistas não poderiam ficar sem energia, luz, água e conforto, e assim se sacrificava para receber bem os visitantes. Alguns diziam que existiam três religiões no Nepal: o hinduísmo, o budismo e o turismo.

Após conhecer de perto um pouco da cultura nepalesa e seus tradicionais monumentos, preparamo-nos para a primeira aventura: aterrissar no aeroporto de Lukla, o mais perigoso do mundo, segundo alguns pilotos. Ainda em Katmandu, estávamos todos prontos para aquela jornada, mas aguardávamos a liberação de Lukla para pousos. Se recebêssemos esse sinal, teríamos minutos para embarcar, pois nas montanhas do Himalaia tudo mudava muito rápido. Para nossa sorte, recebemos o sinal e embarcamos as 22 pessoas em duas pequenas aeronaves. A primeira subiu e a minha ficou para trás a fim de que a manutenção colocasse uma fita isolante no para-brisa do avião, que estava se soltando. Tirando esse pequeno detalhe (só depois percebi que o avião estava repleto de fita isolante), subimos em direção a Lukla. Pelo menos em mim, o medo não existia.

Um voo de 20 minutos entre as montanhas nos levou direto para a primeira cidade que fica aos pés do Himalaia. A pista ficava à beira de um precipício, tinha cerca de 500 metros apenas e um muro de contenção para a aeronave, que era obrigada a fazer uma curva assim que pousava. De forma tranquila e natural, os pilotos fizeram bem o seu trabalho e chegamos ao início de nossa caminhada, que duraria alguns dias.

Com as mochilas nas costas e a ajuda de seis sherpas, além dos animais que carregariam nossos mantimentos, estávamos prontos para aquela experiência inédita. Andamos por vales, vilas, montanhas e paisagens belíssimas no primeiro dia. Esgotados e felizes, repousamos em uma hospedaria sob a temperatura de 15 graus negativos.

Refeitos do primeiro dia, retomamos a viagem. Eu acreditava que algumas pessoas talvez pudessem precisar de algum apoio físico ou emocional, e eu havia me preparado para oferecer tal ajuda. Na primeira hora de caminhada, fui descer uma grande pedra e, ao apoiar a perna esquerda, que já tinha uma antiga cirurgia de ligamento cruzado anterior, torci o joelho e minha perna dobrou. Senti um estalo e uma dor imediata. Parei, sentei-me na pedra e coloquei as mãos no joelho para entender o que havia ocorrido. Percebi o joelho todo mole e, ao movimentá-lo, sentia dor e ouvia estalos. Fiquei em estado de completa apatia. Depois de alguns minutos, pensei: minha viagem acabou! Naquele instante passou uma sequência de pensamentos por minha cabeça. Eu havia trazido todas aquelas pessoas até ali, e agora teria de voltar? O.k., então vou seguir adiante. Mas e se eu acabar com meu joelho? Isso seria justo? O que valia mais, minha saúde ou minha palavra? Na hora, tive uma forte vontade de chorar, e foi isso que fiz: primeiro de dor, depois de raiva e indignação. Como uma coisa dessas podia ter acontecido? Fiquei com ódio da montanha, ódio da pedra; depois fiquei com ódio de mim mesmo, por não ter sido consciente na minha pisada. Eu subitamente entendi que, caso eu não resolvesse a questão primeiro comigo mesmo, não teria condições de tomar uma decisão sobre o que fazer. Respirei um pouco, fiquei de pé, olhei para a montanha e entendi que eu precisava passar por aquilo. Nada acontece conosco sem que no fundo carregue um ensinamento. Quando pude perceber que era isso o que eu ensinava às pessoas, vi que era capaz de tomar uma decisão. E a decisão que tomei foi a de continuar a viagem e observar como o joelho iria reagir. Decidi usar uma pisada diferente, mais leve para não forçar a perna, segurando-a com as mãos na hora de apoiá-la durante subidas e descidas. Assim prossegui.

Acabei me juntando ao grupo dos mais lentos, no qual eu reinava e tínhamos um sherpa nos acompanhando.

Eu andava mais devagar que a pessoa mais lenta do grupo. Ou seja, eu me arrastava pelas montanhas do Himalaia. Minha primeira vitória emocional foi ter dado vazão à minha fúria pelo ocorrido, e isso me trouxe luz para a realidade da situação.

À medida que eu andava, percebia meu joelho inchando. Um sherpa notou minha dificuldade, pois eu puxava a perna para cima usando as mãos quando tinha que subir alguma pedra, e se ofereceu para me ajudar. Eu agradeci e disse que não precisava, pois já havia encontrado um jeito de andar que não gerava risco e minimizava a dor. Mas o sherpa insistiu em me ajudar, uma vez que eu estava pesado demais, carregando aquela mochila imensa nas costas. Eu disse que não precisava e insisti em ser forte até chegar à próxima vila, chamada Namche Bazar. Mas minhas resistências foram sendo minadas, minhas forças foram caindo e tive que ceder à persistência dele em querer me ajudar. Naquele momento faltou-me humildade para reconhecer a condição precária em meu andar. O orgulho de querer subir aquela montanha por conta própria estava presente em minhas emoções. Meu corpo fez que eu me curvasse à realidade, e quando entreguei a mochila, percebi quão leve fiquei e quão menos dolorosa seria a etapa final da subida. Pensei comigo: "Que estúpido eu fui! Por que não entreguei essa mochila antes?". A partir dali, aprendi que é fácil querer ajudar, mas o quanto é importante se permitir ser ajudado, pois isso requer profunda humildade.

Após quase nove horas de subida, cheguei ao vilarejo, o último do grupo a fazê-lo. Ao chegar à hospedaria, eu estava feliz por poder me deitar e dormir em qualquer lugar. Minha esposa, criteriosa como é, alertou-me de que existiam outros alojamentos mais bem estruturados e que seria melhor mudarmos de lugar. Uma enorme preguiça tomou o meu espírito, mas vi que não podia me abater, uma vez que eu era o responsável pelo grupo. Então, arrastando-me pelas escadas, subi ao andar de cima para negociar com a operadora e com o líder dos sherpas. Com facilidade chegamos a uma solução e nos transferimos para uma hospedaria bem superior. Naquele momento, vi como é importante buscar a excelência em tudo que fazemos, mesmo quando nossas forças estão esgotadas. Querer mais e o que há de melhor é natural e saudável. O grupo ficou satisfeito com a mudança e eu feliz de ter a oportunidade de dormir e esquecer meu joelho por algum tempo.

Na manhã seguinte, decidimos ficar mais um dia na região para que eu pudesse me recuperar um pouco. Acordei com o joelho inchado, mas como estávamos em um território gelado, o clima favorecia para que ele melhorasse. Percebi que precisaria encontrar uma órtese para que eu não precisasse andar segurando o joelho com as mãos. Quando encontrei uma joelheira, mal pude conter a alegria, e isso me deu uma sensação de poder e paz, pois seria capaz de prosseguir viagem com mais liberdade de movimento, mesmo que depois eu tivesse que operar o joelho.

Com minha coragem restabelecida, decidimos seguir viagem no dia seguinte. Para evitar maiores riscos, arrumei um cavalo de montanha, o qual eu poderia montar tranquilamente, poupando, assim, meu joelho debilitado.

Bem, as coisas não seguiram exatamente como eu imaginava.

Durante a viagem até a última vila antes do *Base Camp*[1], o caminho estava repleto de neve e gelo. Meu cavalo, logo na primeira descida, arriou as quatro patas e, para não cair, fiquei me equilibrando, chegando até a colocar meus pés no chão, ainda em cima do cavalo.

Na segunda descida, ele escorregou feio e houve ainda uma terceira derrapagem. Para evitar o risco de cair no chão, despencar da montanha (nada menos que 3.500 metros) ou até machucar o cavalo, desmontei e fui conduzindo o animal a pé, levando-o pela rédea. Eu vivi o medo de cair, mas a coragem de seguir foi maior que todo o resto naquele momento. No fim das contas, caminhei dois terços do trajeto até a última hospedaria. Os metros finais foram muito difíceis para mim, uma vez que já não tinha forças e as dores haviam voltado. Não deixei ninguém se envolver com meu

---

[1] Acampamento base que fica aos pés do Monte Everest.

sofrimento, pois queria que cada um aproveitasse o momento e curtisse sua própria experiência. Eu precisava suportar minha realidade e ser responsável por tudo o que havia ocorrido comigo. Esse entendimento me trouxe uma satisfação absoluta: com o joelho, com a dor, com a luta para subir, com o cavalo que não correspondeu às expectativas, com o frio, com tudo. Esse contentamento dominou meu coração e me encheu de paz e coragem. Eu não era mais o joelho, não era a dor; eu estava conectado com meu propósito e com toda a experiência que estava vivendo. Eu era maior que aquilo tudo.

A partir daquele momento, senti profunda gratidão por toda experiência que havia vivido, todos os estados emocionais pelos quais havia passado, e minha viagem foi outra. Chegamos a pisar no sopé da Kala Patthar, a 5.342 metros de altitude, na base que leva ao Monte Everest. Esse é o ponto mais alto que os turistas podem atingir sem autorização do governo nepalês. A partir dali é necessário montar uma expedição para subir o Everest (mas esse não era o nosso objetivo).

BUTÃO, TIGER'S NEST

Nossa jornada seguiu ao Butão, um país admirável. É um lugar mágico, onde a energia de paz é encontrada em todos os seus cidadãos. À medida que os dias passavam, eu sentia cada vez mais o poder, a paz e o alinhamento com meu corpo. A última etapa de nossa viagem foi subir 3 mil metros até o famoso e extraordinário mosteiro de Taktsang, conhecido como Ninho do Tigre, construído no alto de uma montanha, entalhado nas pedras. Nossa escalada consumiu entre 60 e 90 minutos.

Na descida, percebi que meu domínio emocional havia evoluído de tal forma que eu havia curado meu joelho. Era algo inexplicável. Eu tinha absoluta confiança em minhas pernas. Durante o percurso de volta, senti-me impelido pela alegria de uma criança a viver a aventura e a liberdade de me expressar com a guiança do adulto. E assim o fiz. Liberei meu corpo e minhas pernas na descida da montanha, a 3 mil metros de altitude. Percorri os caminhos e as trilhas, saltei as pedras, pulei os obstáculos em alta velocidade, como se aquilo fosse a coisa mais natural do mundo e nada tivesse acontecido com meu joelho. Gastei exatos 18 minutos na descida, que se revelou um momento transcendente em minha viagem.

Aquela descida acabou se provando muito mais que uma descida: foi um resgate do meu poder, do meu estado de paz e do meu alinhamento. O domínio emocional alcançado durante toda aquela viagem e o fato de não ter permitido que meu drama pessoal se transformasse em um drama coletivo foram essenciais para que eu compreendesse que tudo o que somos é de nossa inteira responsabilidade, e que é imprescindível sabermos lidar com nossos pensamentos e sentimentos geradores de emoções.

Após a viagem, procurei um ortopedista por precaução; feitos todos os exames, descobri que meu joelho não havia sofrido nada grave, apenas tinha um minúsculo edema que foi curado em poucos dias.

TERREMOTO, RESILIÊNCIA DE UM POVO

Lamentavelmente, três ou quatro meses depois de nossa visita ao Nepal, aquele país foi o epicentro de um fortíssimo terremoto e quase todos os monumentos que havíamos conhecido foram destruídos, assim como parte de sua cultura histórica e turística. O que me chamou a atenção após os terremotos e o estado de calamidade que tomou o país foi a solidariedade da população. O povo nepalês é economicamente pobre, mas rico de espírito e resiliente. As pessoas não se deixaram abater e saíram ajudando umas às outras. No Nepal, uma renda mensal de 300 reais é considerada muito dinheiro. Nós, do grupo FLUA, nos organizamos e conseguimos enviar cerca de 30 mil reais para Niraj, o líder dos sherpas que nos ajudaram em nossa jornada, que demonstrou profunda grandeza. Ele não usou o dinheiro para si, mas organizou grupos, comprou mantimentos e os levou para as regiões mais remotas do país. Ainda com o dinheiro, ele mandou fazer cadernos para centenas de crianças poderem estudar sem interromper as aulas. Niraj mandou imprimir "Flua no Himalaia" na capa dos cadernos, em nossa homenagem. Quando ele enviou as fotos das crianças, todas com cadernos nas mãos, em agradecimento, chorei de tanta emoção por ter, de alguma forma, contribuído com aquele povo tão especial. As tragédias acontecem àqueles que têm condições de suportá-las. Não houve um único saque, roubo ou reclamação, apenas ação, mobilização e solidariedade entre o povo do Nepal. Com isso, os nepaleses mostraram quão resilientes e emocionalmente fortes eles são, enquanto nação. Em um mundo incerto, volátil, ambíguo e complexo, ter domínio emocional é um fator crítico de sobrevivência e até de fluidez para surfar nas mudanças.

Decidi partilhar com você, leitor, uma de minhas aventuras pela estrada da vida com o propósito de lembrá-lo de que tudo o que fazemos tem emoções como pano de fundo. Não existe qualquer decisão que se tome sem que exista uma emoção a ela associada. Na viagem em questão, senti apatia, medo, raiva, tristeza, orgulho, paz, poder, contentamento e alinhamento, entre outras emoções.

Quando temos consciência e domínio emocional, potencializamos a chance de levar uma vida plena e extraordinária; reunimos mais condição de fazer nossas escolhas com consciência e lucidez.

Portanto, escrevi este livro com muitas chaves, *insights* e exercícios que podem lhe trazer o domínio emocional nesta era de acentuadas e disruptivas mudanças.

Siga em frente e seja o melhor que você puder!

LOUIS BURLAMAQUI
9 DE FEVEREIRO DE 2018

PARTE I

DOMÍNIO EMOCIONAL

CAPÍTULO 1
FORA DE CONTROLE

ENSAIO SINGULAR

2050 – Chegamos a 10 bilhões de seres humanos habitando a Terra. Jamais me daria conta de tudo o que ocorreu nesses anos...

Nossa expectativa de vida já ultrapassa os 150 anos com a regeneração de órgãos. Uma parte dos seres humanos já é híbrida, ou seja, possui artifícios robóticos em seu corpo para auxiliá-los em suas atividades. A arte e a criatividade construtiva tomam os parques diariamente disputados por milhares de pessoas que optaram por uma diferente forma de contribuição social. Setenta por cento do trabalho no mundo é realizado por robôs. As pessoas usam lentes nos olhos em substituição aos velhos computadores e smartphones. A fome foi praticamente erradicada do planeta. As discussões mais avançadas envolvem aprendizagem, bem-estar, valores, cosmos, expansão da consciência, espiritualidade e relações criativas. As reuniões são realizadas por hologramas e a aprendizagem ocorre por meio da experiência de um robocoach.

Alguns governos vêm discutindo o tráfego aéreo. Boa parte das empresas globais conhecidas foi extinta, dando espaço a novas empresas constituídas por gestores coletivos, robôs executivos e sinergia social. Novas matrizes energéticas foram descobertas, famílias produzem sua própria energia e a energia solar passou a ser a mais consumida no mundo. Cada casa tem sua minifazenda e produz seus próprios alimentos. As viagens ao espaço estão com novas promoções.

Já se fala no desenvolvimento futuro do teletransporte, quando o mundo não terá mais fronteiras e cada um poderá morar e trabalhar onde quiser.

Se nós descrevêssemos o que possuímos no mundo atual para um habitante do nosso planeta em 1970, ele provavelmente nos chamaria de lunáticos. De igual forma, por mais estranhas e utópicas que as possibilidades descritas acima possam parecer, é certo que precisamos nos preparar para aceitar toda e qualquer radical mudança que venha pela frente e seus impactos.

Não há como negar que o mundo de amanhã será radicalmente diferente de tudo o que foi nos últimos trinta anos devido aos avanços da biotecnologia e às promessas da nanotecnologia.

Ray Kurzweil, cientista e futurista, adepto da ideia de singularidade, projeta que o avanço da inteligência artificial gerará uma onda de crescimento exponencial em dezenas de campos, levando à superação da capacidade humana.

Uma parte dos cientistas entende a palavra singularidade associando-a ao buraco negro, uma região do espaço cuja força gravitacional atrai os corpos celestes e da qual nada consegue escapar para o universo exterior, nem mesmo a luz.

Da mesma forma, singularidade tecnológica exprime que a onda de transformações exponenciais pela qual passaremos nos próximos tempos será tão forte que ninguém e nenhuma empresa neste planeta terá condição de escapar. Todos seremos afetados pelos avanços de inteligências super-humanas e das tecnologias, que irão mudar absolutamente tudo o que entendemos do funcionamento do mundo atual.

Em uma discussão realizada em um fórum do qual eu participava na World Future Society, um cientista afirmava que muito em breve viveríamos duzentos anos. Já imaginou como seria o mundo habitado por pessoas com tanto conhecimento acumulado em medicina, física, psicologia, artes, matemática, engenharia e design? Teríamos um ambiente propício para mestres e sábios.

Há pouco mais de cem anos, a Terra contava quatro cidades com mais de um milhão de habitantes; agora elas são inúmeras por todo o planeta. O volume populacional, mais o movimento criado pela internet, gerou o *boom* de conhecimento, interatividade e produção de ideias nunca antes visto em nossa história recente.

> **A CONSCIÊNCIA DAS PESSOAS ESTÁ MUDANDO RADICALMENTE.**

Mercados estão incertos, pois a consciência das pessoas está mudando radicalmente. Cada consumidor hoje tem acesso à informação e, portanto, tem poder de escolha.

Certa vez, um amigo foi comprar uma pequena adega exclusiva para cervejas e resolveu pesquisar sobre o assunto na internet. Quando ele decidiu ir a uma loja especializada que oferecia opções, deparou com um vendedor que sabia muito menos que ele. Meu amigo deu um show de explicação técnica que o vendedor mal estava apto a entender. Eis o novo mundo onde os novos consumidores são muito bem informados, têm mais opções, são volúveis e nem sequer interagirão diretamente em algumas lojas.

Esses mercados com consumidores em alta vibração de consciência são a dor de cabeça de inúmeros executivos e empresários, atentos à criação e ao lançamento de novos produtos ou serviços que venham a chacoalhar seu negócio.

A cada instante temos uma nova solução batendo a nossa porta. Muitas dessas soluções são simples, fáceis de usar e exponenciais. Nosso mundo se tornou um grande e abundante ambiente para negócios com impacto em bilhões de pessoas.

No universo interativo da tecnologia, da informação e do conhecimento, onde tudo é volátil, incerto, intenso, interativo e exponencial, encontramos um cenário em que:

- os consumidores não são mais fiéis;
- as pessoas buscam trabalhar com propósito e significado;
- os produtos e serviços se tornam obsoletos mais rapidamente;
- alguém faz algo melhor a cada instante;
- a pressão e os riscos são mais intensos;
- o novo surge destruindo o velho;
- as antigas formas de engajamento não funcionam;
- há pluralidade de ideias;
- o coletivo impera;
- construir junto é mais poderoso que fazê-lo isoladamente;

- a tecnologia está mudando tudo a toda hora;
- os sistemas se reorganizam automaticamente;
- os números ditam as mudanças e as tendências;
- o controle se intensifica;
- há uma ressignificação do trabalho e do papel dos seres humanos em função das máquinas;
- os processos de tomada de decisões exigem consciência;
- a realização plena depende do bem-estar e da presença;
- desaprender mais rapidamente é uma competência;
- mercados desaparecem e outros surgem subitamente.

Lidar com essas diversas variáveis exige múltiplas competências emocionais, relacionais e cognitivas.

Pensar, neste novo mundo, é ter a capacidade de usar uma visão integrada e holística em cada situação. Não há mais espaço para as pessoas se acomodarem. Posso afirmar que quem se sentir confiante em qualquer coisa hoje não está sintonizado com o mundo novo, o mundo digital, tecnológico, sutil e arrojado.

Sentir-se inseguro, incomodado, angustiado, tenso e ansioso é mais que natural diante da curva de mudanças pela qual estamos passando e que vamos continuar enfrentando de modo progressivo. Muitas pessoas estão completamente perdidas diante de sua vida e carreira. Mais que nunca é hora de cada um entender como lidar com as próprias emoções a fim de trazer equilíbrio, estabilidade e sabedoria em suas decisões e escolhas.

Nunca na história recente do planeta tivemos tanta necessidade de fazer uma reconexão pessoal com a nossa essência como hoje, para encarar essa revolução da consciência.

Perceber, entender e lidar com emoções é crucial para que cada um possa transitar e se reinventar em todas as esferas da existência.

Olhar para o futuro trará mais valor e significado do que tentar consertar o passado. Não há mais muito tempo para o passado.

AS QUATRO FORÇAS DE MUDANÇA

FORÇA 1: MUDANÇA DE CONSCIÊNCIA
Os consumidores tornaram-se voláteis, querem entender o que estão consumindo, veem-se abertos para o novo, são informados e estão aprendendo a escolher. O tempo das empresas que enganam consumidores está acabando. De igual forma, os colaboradores querem ser partícipes do resultado de seu trabalho e questionam o *modus operandi* das organizações. Cada ser humano neste mundo está mais integrado e conectado com tudo o que está acontecendo.

FORÇA 2: MUDANÇA DAS ESTRUTURAS
As organizações sempre foram estruturadas para funcionar em um mundo simples e linear. Elas dependiam do determinismo – a ideia de que a única coisa que importa é o poder e que os resultados são previsíveis e controláveis. No novo mundo há um ambiente invisível, quântico e digital. Tudo está conectado, inter-relacionado, enredado e incerto.

FORÇA 3: MUDANÇA DAS RELAÇÕES
Estamos acostumados a pensar de cima para baixo quando se trata de organizações hierárquicas, mas não é assim que os resultados fenomenais são produzidos. Muitos dos atuais sistemas gerenciais nas organizações baseiam-se no comportamento de controle: os sistemas de desempenho, os sistemas de relatórios, os sistemas de recompensa e os mecanismos de controle de qualidade. Esses não são mais sistemas válidos. O foco precisa ser redirecionado de

controle e comportamento para resultados ou desempenho, pois quando nos concentramos na performance, focamos os atributos que nos permitem atingir os resultados que queremos. Os gerentes efetivos já não controlam o desempenho, mas o apoiam.

FORÇA 4: MUDANÇA NA LIDERANÇA
Há uma evolução evidente da liderança hierárquica rumo à liderança em todos os níveis: de cima para baixo, de baixo para cima e para os lados. A inteligência coletiva surge da colaboração de muitos indivíduos e se põe acima das iniciativas tomadas por um único indivíduo. A inteligência coletiva se manifesta por meio de redes de desempenho que cortam horizontalmente a estrutura hierárquica de uma empresa. A liderança não vem da posição, ela vem de um lugar de contribuição.

O QUE É UMA ERA EXPONENCIAL?

Um aumento exponencial ocorre quando a taxa de crescimento não depende de um valor constante. Vamos tomar como exemplo Hollywood, que produz em média quinhentos filmes por ano e atinge um público de 2,6 bilhões de pessoas. Se a duração de cada filme gira em torno de duas horas, então essa indústria produz cerca de mil horas de conteúdo por ano. Se compararmos, porém, esses números com os do YouTube, você verá como o mundo digital mudou tudo. Os usuários dessa plataforma fazem *upload* de 48 horas de vídeos por minuto. Isso significa que a cada 21 minutos o YouTube fornece mais entretenimento que Hollywood oferece em doze meses, segundo Peter Diamandis.

O universo digital está transformando o mundo em um oceano de possibilidades, onde cada ideia que se concretiza e impacta um segmento de consumo muda todo esse mercado.

Por exemplo, em poucos anos de operação, o serviço de hospedagem *on-line* Airbnb já tinha mais oferta de leitos do que qualquer grande rede de hotéis que existe no mundo.

Em 2007, uma impressão 3D custava 40 mil dólares; já em 2014, esse mesmo produto podia ser adquirido por 100 dólares.

Segundo Kurzweil, quando você muda para um ambiente baseado em informação, o ritmo de desenvolvimento entra em uma trajetória de crescimento exponencial.

Organizações exponenciais têm o propósito de transformação massiva.

* * *

Nos capítulos seguintes, convido você, leitor, a fazer uma viagem comigo; uma jornada para o seu interior e por tudo o que se passa no seu íntimo. O autoconhecimento e o desenvolvimento da habilidade de lidar com sua maneira de ver, sentir e reagir ao mundo definirão a maneira como você conduzirá sua vida em um cenário de oportunidades e transformações exponenciais.

Muito em breve estaremos envolvidos em novas ondas de mudanças que abrangerão a genética, a nanotecnologia e a robótica (inteligência artificial). As questões principais são:

Onde você estará nessa história?
Lutará contra o novo mundo ou se ajustará a ele?

Para as pessoas que já sentem e compreendem o novo mundo e para aquelas que continuam lutando contra ele, algumas emoções são perceptíveis:

ENTUSIASMO
ALEGRIA
EXCITAÇÃO
ESPERANÇA
MEDO
ANSIEDADE
IMPULSIVIDADE
DESORIENTAÇÃO

Todas essas emoções podem se manifestar de forma positiva ou negativa. Tudo dependerá do impacto que elas gerarão. Por isso escrevi este livro, para que você possa lidar positivamente com a enxurrada de emoções suscitada pela era exponencial.

CAPÍTULO 2

ASSUMA A GUIANÇA

QUANDO NOS PERDEMOS?

Nós não viemos ao mundo para ser felizes, necessariamente.

Essa frase pode soar rígida ou dura demais, mas se você refletir um pouco, verá que esse não é o desígnio da rotina de nossa existência.

Desde o dia em que nascemos ao dia em que morremos, algo inevitável e contínuo sempre nos pertencerá, e por ele ninguém passará incólume sob nenhuma trégua ou proteção. A esse algo eu chamo "experiências". Toda a nossa vida é uma sucessão de experiências; do momento em que acordamos ao que vamos nos deitar, vivemos experiências. Não há como nos furtarmos a essa inexorável realidade que nos defronta todo o tempo, uma vez que habitamos este planeta.

Tomando essa realidade nua e primária, podemos constatar que nós, humanos, viemos a este mundo para vivenciar experiências.

Eu separo as experiências em quatro tipos:

EXPERIÊNCIAS PROGRAMADAS

Suponha que você queira sair com uma pessoa e a convida para um jantar. Ao chegar a hora, você se encontra com a pessoa conforme o programado e tudo ocorre como planejou. Ou então, que planeje uma visita a um cliente e consiga encontrá-lo durante a semana. Essas todas são experiências programadas, uma vez que traçamos objetivos e os realizamos.

EXPERIÊNCIAS NÃO PROGRAMADAS

São situações que aparecem e invadem nossa vida sem terem sido planejadas. Você está em casa e um vizinho o chama porque precisa de algum tipo de ajuda; você se levanta e vai ver como pode auxiliá-lo. Muitas pessoas têm programações em sua rotina, mas de repente aparece uma série de outras demandas que precisam ser resolvidas; estas são experiências não planejadas.

EXPERIÊNCIAS AGRADÁVEIS

Existem experiências que são aprazíveis, fazem que nos sintamos bem e à vontade. Elas podem advir de experiências programadas ou não programadas. Por exemplo, você prepara um chá da tarde para uma amiga e tudo transcorre como o planejado. Ou ainda, você está andando por uma rua e encontra um velho conhecido, o que lhe traz ótimas recordações por meio de uma boa conversa. Ambas são experiências agradáveis.

EXPERIÊNCIAS DESAGRADÁVEIS

São experiências que podem ser dolorosas, chatas, impertinentes ou catastróficas. Elas podem ser programadas – por exemplo, em uma festa você resolve beber além do seu limite, e apesar de saber que vai passar mal, mesmo assim resolve fazê-lo. Então passa a ter uma experiência desagradável programada. Por outro lado, temos também experiências não programadas desagradáveis. Você sai de viagem com seu veículo e no trajeto acaba furando um pneu do carro. Haverá certamente algum trabalho e talvez incômodo com o manuseio de ferramentas, sem contar o atraso.

Portanto, nossa vida é presenteada a todo instante com uma série de experiências.

	Agradáveis	Desagradáveis
Programadas	Intencional	Tensão
Não programadas	Surpresa positiva	Surpresa negativa

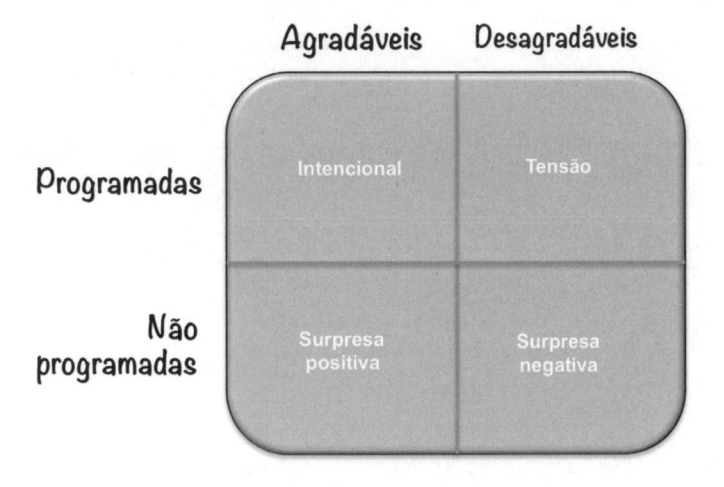

FIGURA 2.1 QUADRO DE EXPERIÊNCIAS

NÃO PODEMOS TER O CONTROLE DE TODAS AS NOSSAS EXPERIÊNCIAS. NO ENTANTO, TEMOS UM PODER SOBERANO: SOMOS CAPAZES DE ESCOLHER COMO REAGIR OU LIDAR COM ELAS.

Todas as experiências nos trazem lições. No fundo, nós viemos a este mundo para aprender, e quando absorvemos um ensinamento em nossa alma, a vida nos traz uma nova experiência; assim prosseguimos em nosso processo evolutivo.

No entanto, quando não aprendemos a lição, ela se repete. Sendo assim, seguiremos repetindo diversas vezes, sob vários formatos, aquelas lições que ainda não assimilamos. Essa situação representa o drama de muitas pessoas e também da humanidade. Afinal, existem as lições pessoais e também as coletivas.

A humanidade vive um ciclo de repetições, pois, como um todo, ainda não aprendemos nossas lições.

E se nos damos conta de que nossa vida se repete em algum aspecto, em que ponto desperdiçamos as lições ensinadas? Onde nos perdemos das lições?

Em nossa matriz de existência, procedemos de um campo no tempo e no espaço sob a forma de um filamento de luz que reproduz uma centelha divina. Desde os períodos mais longínquos até o presente momento, a experiência de ser remonta diálogos eternos acerca da dádiva de se estar vivo.

A existência da espécie humana contempla a busca do sentido do viver, do persistir, da dor e do sofrimento por meio da própria experiência do viver e do persistir.

O simples fato de existir em um corpo requer uma introdução local. Estamos lotados em um campo unificado, um planeta, que tem localidades. Nos dias atuais, toda localidade existente no mundo tem uma identidade social, cultural e linguística formada por premissas históricas. Ao nascer em um determinado lugar, um ser humano, independentemente de sua vontade, deixará sua condição de centelha divina e será educado de acordo com hábitos locais, terá um idioma primário e receberá uma identidade de origem.

Essa condição traz, inevitavelmente, um grau de separação de tudo o que o homem é. Uma criança, em sua essência, não tem pátria, não vê diferença de raças, não se acanha quando existem

> **JESUS DIZIA QUE "O REINO DOS CÉUS TEM AS PORTAS ABERTAS PARA AS CRIANÇAS".**

barreiras, pois ela simplesmente é e tudo é uma coisa só. Ela vive na unidade.

Será possível retornarmos a essa essência, mesmo já adultos conscientes?

O que é a criança? É a pureza, a completude, a beleza, a verdade e a inteireza. São seres completamente conectados e alinhados, ainda sem uma consciência intelectual de sua singularidade. É possível resgatar esses aspectos de criança quando nos permitimos enxergar o que nós não somos. Ao longo da vida, de forma consciente ou não, acabamos por nos tornar uma série de coisas que não somos.

Muitas pessoas estão em uma jornada pessoal: querem ser algo ou querem encontrar algo que nem sempre sabem o que é; desejam se tornar seres iluminados, perfeitos, manifestar-se em toda a sua plenitude. Há, ainda, muita gente buscando a si mesma na vida. É comum depararmos com pessoas afirmando: "Quero conseguir ser eu mesma".

Eu gosto muito de fazer um paralelo imaginando o ponto de vista de um gato. Suponha que pudéssemos conversar linearmente com um gato e ele falasse a nossa língua. Não seria interessante saber quem ele gostaria de ser?

Será que ele faria como um ser humano? Afirmaria algo do tipo: "Eu quero ser um gato, bem gato, em sua total integridade felina!"?

Creio que o gato escutaria a pergunta e talvez não entendesse nada e dissesse: "Como assim? Você quer saber o que quero ser? Ora, eu já sou gato. O que mais eu gostaria de ser? Ficou louco?".

Seres da natureza, de toda espécie, são o que são.

O QUE SERÁ QUE NOS FEZ, COMO ESPÉCIE HUMANA, DISTANCIARMO-NOS DE NÓS MESMOS A PONTO DE QUERERMOS CAMINHAR EM DIREÇÃO A NÓS MESMOS?

UMA VISÃO DA NOSSA ESPÉCIE

Os bichos têm uma conexão sensorial considerável. Aproveitando a alusão aos felinos, vou usar meus gatos como exemplo: Thomas (Tom) é um bengal (que por natureza é uma raça de animais grandes, caçadores e instintivos) e tem o dobro do tamanho de meu outro gato, Bongani. Volta e meia lá em casa encontramos Thomas caçando o pobre Bongani, apesar de eles normalmente se darem bem. Talvez passe pela mente do Tom algo do tipo: "Cansei, estou a fim de fazer algo diferente, hum... que tal te pegar, Bongani?". Eu e minha família acreditamos que Bongani não gosta nada disso. Normalmente ele foge, mas quando resolve enfrentar Thomas ele sempre perde, pois seu tamanho não o ajuda.

Certa tarde, eu escrevia em meu escritório, que fica no segundo andar do meu apartamento, e ambos os gatos estavam comigo, deitados em uma almofada. Sempre os tenho como bons companheiros de reflexão e silêncio. Os dois encontravam-se de olhos abertos e, por um instante, parei para observá-los. Eles não notaram o que eu fazia e assim percebi algo muito interessante.

Tom estava mirando o teto quando Bongani simplesmente olhou para ele com raiva. Tom já se virou para armar o bote. Bongani se colocou em posição ambígua de defesa e ataque, mas logo em seguida Tom desistiu quando percebeu que eu os estava assistindo. Voltaram os dois para as mesmas posições contemplativas e tudo ficou bem.

O mais interessante dessa cena foi que Tom não havia de fato armado o bote, Bongani apenas "capturou a intenção", falando em termos energéticos, e logo se adiantou. Naquele dia, pude observar e constatar mais uma vez a capacidade dos gatos de antever movimentos simplesmente "capturando a intenção" do outro animal.

OS SERES VIVOS FORAM PROJETADOS PARA SE CONECTAR E VIVER DE SEU ABSOLUTO PRESENTE, DO QUE PERCEBEM E SENTEM.

A raça humana é a única espécie inteiramente desconectada dos sinais que os mundos exterior e interior lhe proporcionam. Claro que pode haver exceções, mas não é regra.

À medida que crescemos e deixamos de ser crianças, criamos um estado de identificação com tudo à nossa volta, como uma forma de entendermos quem somos ou o que as pessoas esperam que sejamos.

As normas e convenções sociais vão ditando gradativamente o que alguém deve ser para se tornar aceitável.

Essa pressão social se manifesta de diversas formas, desde em propagandas, nos bens de consumo e até nos comentários das pessoas mais próximas.

Conforme nos moldamos inconscientemente ao que os outros esperam que sejamos, tomamos o externo como referência. Submetendo-nos à influência externa de forma soberana, acabamos, aos poucos, esquecendo-nos de nós mesmos, abandonando nosso centro de existência e, com isso, tornando-nos insensíveis ao ambiente e ao meio que nos cerca.

Em 26 de dezembro de 2004 ocorreu o maior tsunami da história, que atingiu catorze países no Oceano Índico.

Os noticiários da época informaram que o número de mortos perfizera 193.623, mas algumas agências de notícias chegaram a afirmar que foram quase 300 mil vítimas fatais.

Os países mais afetados foram Tailândia, Indonésia, Índia e Sri Lanka. O tsunami foi fruto de um terremoto cuja intensidade chegou a 9,3 graus de magnitude, um dos maiores já registrados.

Curiosamente, horas antes dessa catástrofe, aves e animais terrestres bateram em retirada terra adentro, afastando-se do litoral. Muitas pessoas ficaram sem entender o que motivara o comportamento desses seres, mas hoje sabemos que eles pressentiram que havia uma desordem no ambiente, uma quebra no sistema e que precisavam se proteger.

O gênero humano é o único que vive desconectado do planeta, dos seres e das forças da natureza, salvo exceções – como, por exemplo, algumas tribos indígenas. Essa é a razão pela qual tantas pessoas morreram quando o tsunami foi pressentido por todas as outras espécies.

Nossa desconexão cria um enorme campo de influência, facilitando a manipulação de nossos sentidos por todo tipo de força subliminar. Esse campo de influência atua sobre nós e nos impele a assumir o que o externo deseja que sejamos, a fim de sustentar o ciclo de desconexão existente.

Esse raciocínio nos leva a crer que estamos resolvendo alguns problemas sem perceber que estamos criando outros.

Quando, por exemplo, um grupo de ativistas resolve entrar em ação para proteger uma floresta contra madeireiros, só o fato de se fazer oposição já ensejou uma mentalidade de fragmentação.

Quando se classifica uma ideologia como sendo de esquerda ou de direita, esta já foi desconectada da unidade.

Quando se cria uma política para defender minorias, esses grupos já foram separados do restante da sociedade. Defender contra quem? Se há oposição, já houve segregação.

O mundo está todo apartado e fragmentado. Certamente não digo que isso seja errado, o problema se encontra na identificação com o fragmento. Muitas pessoas, em vez de viverem, entenderem e aprenderem com a parte, com o fragmento ou segmento, perdem-se nele, a ponto de introjetarem que ele é tudo. No fundo, essa fração compõe o todo ou o tudo, mas não passa de uma parte, de um fragmento.

Em política, por exemplo, qualquer definição já é uma parte do todo conhecido. Não traremos unidade com ações e pensamentos fragmentados.

É como se sempre precisássemos de um inimigo contra quem lutar, alguém a ser destruído. Essa é a mentalidade de muitas pessoas no mundo organizacional, sempre vendo os outros como ameaças a ser eliminadas. As guerras, os jogos organizacionais, as disputas pelo poder são sínteses comportamentais de uma sequela da doença da fragmentação. É como se as pessoas precisassem aniquilar ou vencer as outras para que um estado momentâneo de satisfação seja capaz de preencher o vazio deixado na infância.

É certo que esse estado de autorrealização, nessas circunstâncias, tem caráter estéril e pueril, pois dali a pouco a pessoa se encontrará em uma nova situação, para que seja feito outro resgate. Imagine um conjunto de seres fazendo isso todo o tempo. Essa é a loucura na qual vivemos! Não restam dúvidas sobre os motivos que levam muitos seres humanos a recorrer a medicamentos químicos para controlar aquilo que eles deveriam ser capazes de fazer por si mesmos.

Assim seguimos nossa vida, como se tudo fosse normal, apesar de nossas dores e sofrimentos, em uma busca profunda por nós mesmos.

O CUSTO DA ANESTESIA

Quantas vezes fomos advertidos por nossas atitudes ou comportamentos que incomodavam outras pessoas e não demos a mínima atenção? Mas insistimos em nos manter nessa condição até que algo drástico venha a ocorrer em nossa vida. Apenas quando o "drástico" acontece é que tendemos a nos movimentar, a compreender ou mesmo a mudar algo que precisava ser mudado.

Isso ocorre com pessoas que precisam de perdas e de dor para notar que algo está acontecendo. Esse tipo de evento é o que chamo de "clamor pelo drástico". Muitas pessoas precisam do drástico em termos de perdas para se sentirem encorajadas a mudar algo. É o estímulo pelo meio mais penoso.

Veja alguns exemplos de perda que levam os seres humanos a mudar algum aspecto de sua vida.

- Perda de emprego por conta de suas atitudes.
- Fim do casamento ou de um relacionamento em razão de o parceiro não suportar mais alguma coisa.
- Perda de negócios por falta de sensibilidade de mercado.
- Declínio da saúde devido a hábitos viciantes ou nocivos.
- Perda de oportunidade de carreira por não sentir o momento certo de tomar decisões.
- Desperdício da chance de conviver com uma pessoa importante antes que ela falecesse, por não aproveitar melhor seu tempo juntos.
- Perda do *timing* de uma resposta por não estar pessoalmente alinhado.
- Falta de entusiasmo pela vida por não estar conectado com seu mundo interior.

A todo momento os seres humanos querem fugir da dor e da perda. O que mais ocorre, porém, é eles terem de viver essas situações por causa da total ausência de percepção sutil em relação a tudo o que acontece à sua volta. Há muitas pessoas que são como gatos: capturam o que está ocorrendo muito antes de o evento se manifestar; já outras não conseguem capturar absolutamente nada.

De forma geral, o mundo humano é sistematizado para que nos voltemos ao exterior. Não fomos orientados a olhar para o mundo interior – principalmente se considerarmos o Ocidente –, na direção das questões mais profundas que nos movem e nos travam. Muitas pessoas têm dificuldade ou evitam procurar entender o que se passa em sua mente e em seu coração.

Muitas falham porque vivem do passado.

Muitas se distanciam do que sentem e de seus conflitos mais íntimos porque eles despertam facetas e situações sobre as quais elas não têm, em um primeiro momento, o controle que gostariam. Dessa maneira, elas vivem de forma alienada a partir de uma orientação sempre vinda do externo, do mercado, do mundo, da mídia, da moda, das outras pessoas e das referências.

A espécie humana é a única que não percebe o mundo de forma integral, como um sistema vivo onde nenhuma parte está efetivamente separada de seu conjunto. Todos os reinos estão integrados. Quando os pássaros voam para longe em virtude do clima, já perceberam os sinais da chuva. Os seres humanos, por sua vez, conseguem prever mudanças climáticas e terremotos com instrumentos criados por eles mesmos e, na maioria das vezes, são incapazes de enxergar o próprio entorno e dizer o que sentem.

Na nova mudança de era, é provável que as máquinas se tornem mais sensíveis que os humanos. Os carros terão sensores que lhes darão a condição perfeita de se autoguiarem. Onde estão os nossos sensores?

SERES MULTISSENSORIAIS

Estivemos durante muito tempo dissociados de nossas emoções. Ainda somos limitados como seres pentassensoriais, ou seja, conseguimos lidar relativamente bem com as coisas que vemos, tocamos, degustamos, cheiramos ou ouvimos, mas dificilmente com coisas multissensoriais que envolvam fatores que vão além dos cincos sentidos. A razão foi elemento central de uma sociedade dominada pela lógica cartesiana. O predomínio do pensamento tem sua utilidade, fundamento e necessidade; no entanto, isso não é

> O SONHO É O DESEJO DO MOVIMENTO.

tudo que existe. O alinhamento da razão com emoção dá ao ser humano um espectro bem mais amplo de interface com o universo de experiências e possibilidades.

Nossa espécie vive no paradigma de luta e fuga. Muitos de nós almejam o sucesso, a realização e a conquista, o que não é um problema desde que não soframos caso isso não venha a acontecer. Muitas pessoas vão em busca de uma conquista por medo de ficar para trás, por medo de não ser aceitas, por medo de muita coisa. No fundo, são motivações covardes que as levam a abandonar um elemento extremamente precioso em sua vida: o sonho.

SONHAR TEM SEU VALOR

Sonhar é entender que temos uma aspiração maior, positiva e criadora. Nunca encontraremos paz interior se simplesmente abrirmos mão de nossos sonhos em razão da lógica social que nos compele a vencer, batalhar e sobreviver.

A essência de nossa espécie está na manifestação do sonho, que é o desejo do movimento. Tudo que temos e usufruímos no mundo atual originou-se do sonho de alguém. Então eu lhe pergunto: qual é o seu sonho?

Todo sonho enseja em cada ser humano a aspiração a duas coisas na vida:

CRESCIMENTO	CONTRIBUIÇÃO
Envolve aprendizagem, saber, experimentar, aprender, descobrir.	Envolve deixar algo ao mundo, um legado, uma história, um impacto positivo, ter ajudado pessoas.

O que podemos fazer para nos manter íntegros o suficiente a fim de captar, assim como os gatos, os sinais que o mundo nos dá a todo momento?

Espero que você possa, a partir dos elementos que coloco neste livro, encontrar as respostas dentro de si mesmo. Vamos fazer uma viagem ao campo do invisível, ou seja, o não tangível.

COMO FRACASSAMOS?

Em quase trinta anos de experiência acompanhando indivíduos em sua evolução profissional e pessoal em mais de quinhentas organizações, fui registrando uma série de casos que me chamaram a atenção. Uma parte dessas pessoas, após anos de trabalho, não era feliz nem se sentia realizada, tanto na esfera pessoal quanto em sua carreira. Analisei as razões pelas quais algumas delas não se sentiam bem consigo mesmas, ainda que boa parte tivesse emprego ou empresas e negócios, tivesse família e aparentemente as coisas estivessem estabilizadas.

O COVARDE MORRE *CEM* VEZES; O CORAJOSO APENAS *UMA*.

Mas por que, então, se essas pessoas tinham aparentemente tudo que o sistema social nos convenciona a ter, elas ainda se sentiam mal, incompletas e infelizes? O que lhes passava pela mente para que tivessem uma referência negativa sobre si mesmas? Quais as raízes dessa autocobrança?

Para que possamos entender melhor o que quero dizer, apresento o caso do Juarez (nome fictício para preservar sua identidade real).

> Juarez era um engenheiro que trabalhava em uma empresa prestadora de serviços de manutenção para siderúrgicas. Ao longo de sua vida, alcançou metas importantes, como a formação em engenharia elétrica, a pós-graduação em sistemas, a promoção ao cargo de engenheiro sênior/especialista, casou-se e teve dois filhos. Sua vida sempre andou em um ritmo de crescimento gradativo. No entanto, Juarez tinha alguns pequenos hábitos que não o ajudavam muito. Ele sentia muita dificuldade em aprender outros idiomas, mesmo sendo essa habilidade levemente requerida em seu trabalho; ele sempre começava um curso e parava pouco tempo depois. Tam-

bém tinha problemas com seu peso. Ele media 1,80 metro e aos 50 anos pesava 110 quilos. Iniciava regimes e, apesar do entusiasmo no princípio, parava de segui-los. Na empresa, eu podia observar comportamentos similares. Quando alguma nova tecnologia era adotada, ele sempre adiava seu aprendizado até o último instante possível para não mudar sua rotina.

Até esse ponto, creio que o leitor deve estar se lembrando de muitas pessoas que, de alguma forma, também se parecem com o Juarez.

Um ponto muito interessante nessa história era o fato de Juarez sempre reclamar que precisava emagrecer, que as coisas na empresa estavam mudando rápido demais, que o inglês o atrapalhava, entre outras coisas.

Um determinado dia, sua empresa ganhou uma concorrência para um projeto muito grande em uma área na região do Oriente Médio. A empresa deu-lhe a oportunidade, mas ele precisava aprimorar o inglês em três meses. Juarez teve, inevitavelmente, que declinar da proposta. Ele não estaria pronto em tempo e não se sentia confortável com as tecnologias que seriam utilizadas. Por fim, a empresa enviou outro especialista que, ao longo do projeto, foi promovido a gerente.

Juarez entrou em estado de apatia e perda de entusiasmo, o que acabou se refletindo no trabalho algum tempo depois.

Aos 55 anos, ele se sentia fracassado, gordo, feio, velho e ultrapassado.

Ele havia se autossabotado, minando oportunidades, sonhos e movimentos naturais de autorrenovação em sua vida. Por fim, a decepção consigo mesmo tornou-se algo imenso com que lidar. Após um tempo, Juarez começou a tomar remédios para depressão e se aposentou em condições muito básicas.

Juarez é um homem que ilustra muitas realidades no Brasil e em todo o mundo.

Ao longo da minha vida, convivi com milhares de pessoas e as ajudei a resolverem suas decepções ou sensações de fracasso.

À medida que fui, com acertos e erros, conseguindo ajudar cada indivíduo, pude observar um padrão constante em seu comportamento. Havia quatro fortes fatores que levavam pessoas como "Juarez" a fracassarem na vida. Vejamos a seguir esses fatores.

OS FATORES SUTIS DO FRACASSO

FATOR 1 – DESATENÇÃO AOS PEQUENOS FRACASSOS

Não são as grandes coisas na vida que nos derrubam, mas as pequenas coisas que preenchem nossa rotina. Quando você estabelece algo importante e não o cumpre, houve um fracasso. Quando você diz para alguém que irá acompanhar um determinado trabalho e não o faz, você fracassou. Os pequenos fracassos do dia a dia não são levados a sério porque normalmente não geram alto impacto. Mas o efeito disso vai mais além. O que pesa não é o fato de fracassar em pequenas coisas, mas o "hábito" de aceitar o pior de você mesmo. Não há nada mais temeroso em sua vida do que se acostumar com pequenos

> FRACASSOS SÃO PRECEDIDOS POR PEQUENOS FRACASSOS.

fracassos, pois isso alimenta pensamentos do nível mais baixo em termos de excelência pessoal.

Quando nos acostumamos a pequenos fracassos, como, por exemplo, iniciar um curso e não concluí-lo ou prometer algo e não cumprir, simplesmente vamos nos tornando cada vez mais medíocres.

Isso não significa que não podemos fracassar, mas me refiro à atitude interna que nos impulsiona a não fazer o que precisa ser feito.

Existem muitas razões pelas quais uma pessoa não conclui algo. Pode ser por:

- preguiça;
- indisciplina;
- não ver sentido ou significado;
- comodismo;
- medo.

O ponto principal para o qual quero direcionar sua reflexão é perceber em que situações você anda fracassando, embora reúna todas as condições para não fazê-lo. Pode ser na relação familiar, no trabalho, no cumprimento de algumas metas. Pare e reflita: "Quais são meus pequenos fracassos? Onde eles estão? Como eles se repetem? É isso mesmo que eu quero e preciso?".

Enquanto você não tiver a atenção voltada para seus pequenos fracassos – que pode até ser chegar no horário em seus compromissos, por exemplo –, não terá condições de mudar sua vida ou mesmo de frear um tombo futuro.

O problema dos pequenos fracassos é que eles criam um condicionamento psicológico medíocre, que pode evoluir para uma situação mais ampla e proporcionar um fracasso estrondoso. Essa é a razão pela qual muitas pessoas tropeçam na vida, perdem empregos, negócios, empresas, casamentos, amigos etc.

FATOR 2 – FOCO NO QUE NÃO QUER

Boa parte das pessoas, como Juarez, não atinge resultados e fracassa por uma simples questão de foco. Elas se concentram no que "não querem". Por exemplo: você pergunta para uma pessoa "o que você quer?", e ela responde "estou muito gorda, quero emagrecer". Veja que o foco da pessoa é em "estou gorda". As pessoas que fracassam têm como hábito se concentrar no que não querem em vez de focar aquilo que querem. É comum encontrarmos pessoas reclamando da seguinte forma:

- Não quero mais que este casamento continue desse jeito!
- Não aguento essa pressão toda!
- Não consigo aprender inglês!
- Não quero continuar gorda!
- Não aguento esta equipe!
- Está difícil vender nestes tempos!

Quando nos concentramos em nos livrar do que não queremos, nosso foco está no passado. Um passado incômodo e pesado que se arrasta em nós! Não há como construir um futuro diferente enquanto carregarmos o passado em nossa mente, em nossas palavras e, sobretudo, em nossas emoções.

Vamos ver outras abordagens.

Não quero mais que este casamento continue desse jeito!	Quero mais liberdade com minhas amigas!
Não aguento essa pressão toda!	Quero ter tempo para pensar!
Não consigo aprender inglês!	Preciso encontrar uma maneira de aprender com mais facilidade!
Não quero continuar gorda!	Quero ficar com 60 quilos!
Não aguento esta equipe!	Quero trabalhar em um ambiente mais fraterno!
Está difícil vender nestes tempos!	Preciso encontrar novas maneiras de abordar os clientes.

É hora de acabar com a repetição do passado, e uma boa forma de fazer isso é focar o futuro desejado. Quanto mais olharmos para a frente, mais o sentimento nos impulsionará a fazer o que precisa ser feito.

> **AS PESSOAS QUE FRACASSAM TÊM COMO HÁBITO SE CONCENTRAR NO QUE NÃO QUEREM EM VEZ DE FOCAR AQUILO QUE QUEREM.**

Outro fator importante é entender a diferença entre *conquista* e *autorrealização*.

CONQUISTA ≠ AUTORREALIZAÇÃO

Eu gosto muito de cinema e filmes. Havia um ator que eu sempre admirei muito por suas habilidades e seu carisma: Robin Williams. Quem assistiu aos filmes em que ele atuou percebe sua incrível versatilidade artística. Se pararmos para analisar a vida de Robin Williams, podemos constatar que ele conquistou tudo o que podia em sua carreira; no entanto, ele não era autorrealizado. A ausência da sensação ou sentimento de autorrealização o levou a perder toda a sua essência, conduzindo-o a uma vida de sofrimento que culminou em seu suicídio. Dessa forma, podemos ver que há uma diferença entre conquistar e sentir-se autorrealizado. Tudo o que precisamos como foco é nos sentir autorrealizados. Mas, e a conquista? É bom, sim, ter conquistas, mas tenha sempre em mente que apenas iremos nos satisfazer com algo que nos preencha por inteiro.

FATOR 3 – AUSÊNCIA DE SIGNIFICADO

Somos oriundos de um sistema de normas e diretrizes sociais que determina como devemos nos comportar. Muitas vezes, seguindo o preceito de ser uma boa pessoa, submetemo-nos e aceitamos fazer uma série de coisas que no fundo não queremos; prometemos uma série de coisas que no fundo não queremos fazer!

Isso arma um gatilho interno de conflito em que uma parte de nós decide fazer algo e a outra parte não o quer. Muitas vezes não sabemos qual parte está certa, a que quer ou a que não quer.

Realmente, há situações em que estabelecemos as coisas certas a fazer e uma parte de nós não as executa. Expus antes algumas razões pelas quais nós nos sabotamos, mas quero enfatizar um outro lado dessa história. Considere que algumas de suas metas, promessas ou intenções no fundo não têm importância ou mesmo "significado" em sua vida.

Essa é a razão por não cumprimos as coisas: na realidade, não vemos importância nelas. E é certo que você vai falhar consigo e/ou com os outros simplesmente porque aquilo não tem valor ou você não lhe dá a importância que deveria.

Aí temos duas situações. Uma é você estar absolutamente certo daquilo que realmente não tem tanta importância assim. Então, para não criar mais um sentimento de fracasso, o que deve fazer é dizer não, o que muita gente tem dificuldade de fazer. Mas, nesses casos, o "não" é libertador.

Por outro lado, muitas vezes não vemos sentido e significado em coisas que no fundo os "têm". Aí mora o perigo! É fundamental você parar e analisar com cuidado se a atividade ou a meta têm significado. Muitas pessoas não veem significado e depois, quando fracassam, percebem que havia valor. Podemos ver isso em casamentos, relações, tarefas de rotina e projetos, entre outros.

Mais à frente voltarei a esse tema tão crucial nos dias de hoje, trazendo outros elementos.

FATOR 4 – FALTA DE ESTRATÉGIA

Outro fator que leva as pessoas a fracassarem mesmo tendo metas claras é a falta de estratégia, ou seja, não pensar contingencialmente em tudo que poderia atrapalhar, quais seriam os melhores caminhos e o jeito mais apropriado de se fazer algo. No Brasil, como cultura, temos o hábito de improvisar. O planejamento não é uma característica massiva em nossa sociedade. Por isso, muitas pessoas, empresas e projetos fracassam.

Nesse ímpeto de iniciar tudo de imediato, funcionários são colocados para trabalhar no improviso, projetos conduzidos a toque de caixa e rotinas acabam embaralhadas em razão da urgência, entre tantos outros exemplos.

QUANDO FALO DE ESTRATÉGIA, REFIRO-ME A TRÊS PONTOS IMPORTANTES E CRÍTICOS:

1. CAPACIDADE DE PENSAR E TRAÇAR O MELHOR CAMINHO COM DETALHES;

2. CAPACIDADE DE PREVER O MÁXIMO DE DIFICULDADES E OBSTÁCULOS;

3. CAPACIDADE DE TER CONTINGÊNCIAS PARA FAZER FRENTE ÀS DIFICULDADES.

Afinal, o *como* e o *o que* são tão importantes em nossas estratégias quanto o *aonde* queremos chegar.

COMO FICAMOS REATIVOS E À MERCÊ DOS OUTROS E DA VIDA?

Podemos perceber que certas reações das pessoas têm origem no antigo sistema de condicionamento escolar. As escolas do século 20, de forma geral, foram projetadas para criar pessoas obedientes e passivas. Ou seja, "ocupe seu lugar e fique quieto".

Por não ser algo inerente à natureza humana, esse condicionamento forçado acaba inevitavelmente gerando efeitos devastadores. Quanto mais as pessoas são obrigadas a se moldar ao que de fato não são, submetidas a um sistema de controle, mais elas criam uma necessidade interior de liberdade e autenticidade. Para chegar a tal ponto, muitas pessoas acabam por se anular completamente, decidindo não enfrentar o sistema, a autoridade e as regras. Elas foram condicionadas a reagir somente diante de algum estímulo externo e se tornam apenas um robô à mercê da vontade de um líder, de um grupo ou de uma proposta. À medida que essas pessoas recebem respostas positivas e agradam aos outros, cria-se nelas um entendimento reforçado de que são aceitas sob essa condição. Dessa forma, elas entendem que tal submissão, o fato de reagirem apenas ao estímulo ou à orientação externa, vale a pena ser perpetuada.

Nós encontramos casos assim todo o tempo dentro de empresas: são pessoas que trabalham exclusivamente pelo salário, que agradam aos seus chefes entregando apenas o que lhes foi pedido, que morrem de medo de se arriscar e desapontar alguém, que entendem que não podem errar, e que sofrem quando recebem um *feedback* negativo. Esse comportamento é fruto de um conjunto de lições do passado, que remontam ao tempo escolar. E o que ocorre dentro de algumas empresas de mentalidade antiga? O mesmo que as escolas antigas faziam! Recebem os novos funcionários, determinam onde devem ficar e esperam que eles se comportem de forma a não criar problemas. São chamados para reuniões e confrontados com metas que normalmente vêm de cima para baixo. Ou seja, "eles mandam, eu executo". São pessoas que, hierarquicamente, sempre vivem à mercê do outro.

Pode-se reconhecer o mesmo padrão em algumas famílias: os filhos têm o ideal de viver a vida, mas não se veem criando condições para se sustentar, para concretizar seus desejos e suas vontades. Encontram nos pais ou nos avós uma forma de se manter, seja atribuindo-lhes o pagamento de suas contas, parcial ou integralmente, ou até mesmo residindo com seus familiares. De alguma forma, sem tirar a responsabilidade dos pais quanto à maneira de educar seus filhos, esses indivíduos entendem dispor, em um nível emocional, de alguém que pode bancá-los e se submetem a essas pessoas em termos financeiros. Essa submissão é reconhecida em alguns casos, em outros não.

Em contrapartida, existe outra leva de seres humanos que, por diversas razões, não se submete de forma alguma à vontade alheia. Reagem ao outro em igual proporção, sem qualquer medo. Se alguém os trata mal, eles retrucam; se alguém os pressiona, eles exercem a pressão de volta. Esse é outro padrão de reatividade.

De maneira análoga, ao reagir ao outro, que me trata mal, ajo da mesma maneira que ele; então, de certa forma, o outro me controla. Isso ocorre muito em alguns casos organizacionais, quando um líder desafia outro por meio de provocações, que servem de estímulo de reação. Dessa forma, como sociedade, agimos e reagimos de acordo com o ambiente e com os estímulos que ele nos traz.

Mas qual é a origem disso? Normalmente, vejo uma dissociação da consciência de nossas regras, de nossos valores e de nossos motivos internos. É como se as pessoas deixassem a responsabilidade escapar de suas próprias mãos. Há tempos alguns indivíduos vêm se perdendo de si mesmos e de seu senso natural de autodomínio: eles não sabem o que os motiva, quais são suas verdadeiras regras pessoais, valores, senso de dever e responsabilidade, nem como fazer aflorar toda a sua autenticidade. Muitas pessoas viveram durante anos segundo a vontade dos outros: de seus pais, de seus irmãos, de sua família, de seu chefe, de seu esposo ou esposa, de sua empresa etc. Isso cria, em nível inconsciente, uma dependência ou uma transferência de responsabilidade para um terceiro; é como se vivêssemos o sonho de outro.

Em geral, essas pessoas estão sempre à mercê do mundo externo para se movimentar, tornando-se, assim, inconscientemente reativas.

Se alguém as trata bem, elas fazem o mesmo e se sentem bem.

Se alguém as trata mal, elas reagem da mesma forma e se sentem mal.

A classe política (e no Brasil não poderia ser diferente) sabe muito bem como jogar com essa fraqueza social. Em períodos de eleições, a população é facilmente manipulada pelas estratégias de marketing, é incitada a votar em alguém que alimenta suas aspirações emocionais detectadas pelas agências de pesquisa social.

Um povo que espera o impossível de alguém é facilmente iludido por promessas mentirosas.

Dessa forma, quando uma população age com tal mentalidade há uma tendência forte de eleger verdadeiros parasitas políticos com ares de salvadores da pátria, homens e mulheres que se colocam como figuras de reputação ilibada e acima de quaisquer suspeitas.

Ou seja, de onde vem o pior da política? Da ausência de valores, da falta de consciência do que é possível e da carência de um senso de responsabilidade mais aprofundado da população. Se, de fato, um povo quisesse deixar de ser reativo, bastaria buscar os antecedentes de seu candidato: se ele fez trabalhos dignos, honestos e de forma competente, merecendo, assim, seu voto. Isso deveria ser fruto de uma pesquisa profunda, e não de uma escolha superficial, e permitiria às pessoas sair mais facilmente da reação ao estímulo externo, trazendo-lhes assim uma consciência ativa sobre a estrutura da sociedade.

Quando manifestamos nosso lado adulto e recolhemos a criança obediente em nosso íntimo, sem que ela tome as rédeas reativas, assumimos o protagonismo consciente em nossa vida. *Trate a criança que o adulto emergirá!*

Nossa reatividade, de certa forma, vem da criança que ora se revolta, ora obedece. Ambas as situações decorrem de uma completa falta de consciência das pessoas quanto à sua capacidade de perceber, de ser e de manifestar o que realmente pensam e são.

Boa parte dos conflitos nas empresas advêm desse problema: crianças liderando crianças, crianças trabalhando em equipe com crianças, reuniões de conselho administrativo composto por crianças. Ora dominando, ora sendo dominadas; ora brigando por bobagens, ora sendo completamente passivas diante de momentos desafiadores.

COMO VOCÊ PODE MUDAR TUDO?

Nós temos a capacidade de mudar tudo, mesmo que alguns não acreditem nisso. Não precisamos esperar que algum fator externo ou drástico ocorra em nossa vida para termos uma "reação" de mudança.

> **MUDANÇA NÃO É UMA QUESTÃO DE HABILIDADE, MAS DE MOTIVAÇÃO.**

No geral, quando esses fatores se manifestam, ou nos deixamos levar por eles ou, na verdade, submetemo-nos ao mundo externo. Porém, há uma chave poderosa de mudança: entender que o fator desencadeador de qualquer transformação também pode ser interno, ou seja, nossa simples vontade.

Certa vez, em um de meus treinamentos, encontrei um jovem que queria muito ser músico e perguntei qual instrumento ele tocava. Ele me disse, com um olhar de tristeza, que não tocava nenhum. Questionei o motivo disso, uma vez que ele tinha uma vontade muito grande de tocar! O rapaz me disse que seu pai não dava muito valor à música. Depois de algum tempo de conversa consegui fazê-lo perceber que, embora o pai não quisesse que ele fosse músico, era seu dever mostrar e convencer o pai de sua vontade.

Travei com ele o mesmo tipo de conversa que tenho com muitas outras pessoas em seminários e treinamentos, e, pelo volume do meu trabalho, não me lembraria facilmente daquele momento. Mas certo dia ele me contatou por meio de uma mídia social e me mostrou que estava tocando guitarra em uma banda de amigos!

Fiquei muito feliz em vê-lo e me lembrei de nossa conversa. Ele me confidenciou que somente depois de assumir a responsabilidade de argumentar com o pai, conseguiu sua guitarra, e as coisas andaram. Ele entendeu que tudo dependia exclusivamente de si mesmo.

Quantas pessoas estão esperando que algo externo ocorra para que elas se movimentem? Esse tipo de situação coloca o indivíduo como refém do externo, e o que lhe proponho aqui é ser autor de sua vida. Ser o protagonista, assumir que toda e qualquer escolha é no fundo sua. Quando assumimos a responsabilidade por tudo que nos diz respeito, inevitavelmente passamos a enxergar a vida como um mar de possibilidades. O entusiasmo brota, assim como uma força interna muito mais acentuada. Portanto, o primeiro passo é assumir a responsabilidade por tudo em sua vida. E "tudo" envolve ideias, ações, contas a pagar, erros, acertos, escolhas etc.

> **TRATE A CRIANÇA E O ADULTO EMERGIRÁ.**

Outro fator que pode fazer você mudar tudo é entender que o mundo não engloba apenas você. Vivemos em sociedade e temos demandas coletivas, necessidade de ajuda mútua, diversidade, problemas, conflitos, amor, sorte, privilégios e sofrimento, entre tantos outros aspectos. Ser capaz de viver de dentro para fora, de levar em conta o outro, é integrar-se, é abandonar os interesses próprios, o egoísmo e o individualismo.

O sistema de luta e fuga muitas vezes coloca o ser humano na míope obrigação de sobrevivência e, nela, vale tudo. O que importa é conquistar e sobreviver à selva social. Dessa forma, nunca estaremos no controle, apenas nos manteremos reagindo diante da ameaça e da dificuldade. Este é outro padrão de reatividade: encarar todo o mundo como uma ameaça e preparar-se para uma luta contínua, carregando o sentimento interno que diz "tenho que vencer". Isso não significa que não possamos ter a vontade de vencer (afinal, é ótimo vencer), mas faço algumas perguntas: Motivado pelo quê? Por quem? Contra quem?

Quando entendemos que temos a possibilidade de escolher nossos relacionamentos, que existem pessoas que concordam com nossos valores, que somos capazes de construir alianças saudáveis e que podemos crescer juntos, o medo desaparece e a confiança no grupo ou no outro torna-se um alicerce para enfrentar os desafios. E assim a luta muda de figura, pois o senso de pertencer a um grupo lhe dá as forças necessárias para superar desafios sem encará-los como algo mais pesado do que de fato são.

Um terceiro fator que pode fazer você mudar tudo é não esperar que um evento drástico aconteça para forçá-lo a modificar sua vida; você mesmo pode criar um fator interno drástico, consciente, que o leve a tomar as atitudes necessárias para realizar mudanças. Quando agimos dessa forma, deixamos de ser reativos e passamos a ser proativos.

Na era da tecnologia da informação, onde tudo está em constante mudança – as enciclopédias são substituídas pelo Google, as tevês pelo Netflix, os táxis pelo Uber –, ter uma mente proativa pode mais do que nunca significar a salvação.

Nos próximos trinta anos, cerca de 40% dos empregos atuais deixarão de existir. Adianta fazer manifestações? Reclamar? Chorar? Isso é atitude reativa de criança! É hora de assumir o adulto e ver o que está adiante, o que podemos fazer e como nos antecipar a determinadas situações! Chamo tudo isso de antecipar o drástico em sua vida!

Então, grave bem, você pode mudar tudo desde que se lembre de três fatores importantíssimos:

1. ASSUMA A RESPONSABILIDADE POR TUDO EM SUA VIDA

2. ENTENDA QUE O MUNDO NÃO É SÓ VOCÊ

3. ANTECIPE O DRÁSTICO EM SUA VIDA

CAPÍTULO 3

TUDO DE EXTRAORDINÁRIO EM SUA VIDA VEM DA ALTA ENERGIA

ALTA ENERGIA É DIFERENTE DE PENSAMENTO POSITIVO

É muito comum encontrar nos livros, nas palestras e em outros meios pessoas falando sobre o poder do pensamento positivo. É realmente valoroso estimular um pensamento positivo que traga à mente um estado de movimento e coragem. Sem dúvida, tudo começa por aí. No entanto, pensamento positivo não gera necessariamente uma ação.

Existem pessoas positivas que não se movimentam; isso é muito diferente de agir com alta energia. Com energia se faz tudo. É muito difícil uma pessoa com alta energia ficar parada! Ela vai gerar movimento e isso faz as coisas acontecerem.

Quando você se movimenta, acaba por se arriscar; e ninguém cresce sem riscos.

Por isso precisamos desbloquear a energia potencial das pessoas: sem energia, nada acontece!

Seja rico em energia. Seu desafio é aprender a acender a própria energia e sustentá-la. Sabendo fazer isso, tudo acontecerá em sua vida!

VOCÊ É PURA ENERGIA, MAS QUANTO?

Nada é feito sem energia. Todo movimento exige uma boa dose de vigor, e quando estamos em alta energia temos a capacidade de realizar coisas inimagináveis: os problemas se tornam pequenos, o entusiasmo nos dá uma força extra para enfrentar as dificuldades e os obstáculos. Se considerarmos bem, veremos que somos pura energia.

Mas qual é o problema?

O problema está no fato de que a energia só é criada com movimento. Quanto mais parados ficamos, menos energia temos. O inverso também é verdadeiro! Quanto mais movimento geramos, mais energia temos. O movimento é a força propulsora de todo o universo.

Diante disso, quero apontar a chave para que você possa acionar a energia máxima em sua vida: seu corpo!

Seu corpo é a condensação de todo campo vibratório, frequencial e energético que você possui. Quando você o movimenta, acaba criando campos de energia em alta vibração. Essa vibração afeta as ondas e as frequências de seu cérebro, bem como suas percepções. Sua mente fica mais ativa e seu estado de espírito se torna mais elevado. Observe como os esportistas atingem sua máxima performance quando estão em estado de pico.

ESTADO DE PICO

O que é um estado de pico? A palavra "pico" vem de atingir o ápice, o cume, o ponto mais alto de uma montanha. Estado de pico significa sua condição máxima de presença, de energia e de atenção em algo. Quando chegamos ao pico, ou ao auge de nossa condição, temos maior chance de realizar coisas, descobrir saídas ou soluções, de ter aquelas "sacadas" sensacionais que não teríamos em uma baixa vibração. É na alta vibração que as coisas acontecem. Em suma: o estado de pico é alta energia.

Atingir a alta energia é viver com toda a intensidade que a vida merece.

Você está vivendo a vida com toda a intensidade? Ou cada dia é uma rotina torturante de sobrevivência em um mundo cão?

Um corpo vivo gera uma vida viva e não uma vida morta, como muitos estão vivendo.

Nosso corpo requer movimento, precisa suar para eliminar toxinas, necessita de alimentos ricos, objetivos claros e relevantes, além de água com pH alcalino. Cuidar do corpo potencializa a energia vital necessária para dar força à mente e a nossas atitudes. Todos nós, para alcançarmos um estado emocional de alta performance, precisamos de um corpo energizado.

Isso vale para aquele dia em que você chega em casa e está disposto a fazer uma corrida, em que realiza várias reuniões de trabalho e ainda está com um pique total, ou quando visita vários clientes com o mesmo entusiasmo. Tudo isso é viver dentro de um estado de alta energia.

É a alta energia que nos leva para onde devemos chegar em termos de objetivos. E neste ponto trago o outro elemento que produz alta energia: a paixão.

Quando trabalhamos com paixão, não importa quão difícil se apresenta a situação.

Quando trabalhamos sem propósito, a dificuldade importa e tudo custa.

Muitas pessoas deixaram de acreditar em seus sonhos, em suas vocações, em seus talentos e passaram a viver de forma miserável em razão do medo de falhar ou da busca por uma estabilidade financeira que jogou por terra seus verdadeiros planos e vontades. É compreensível que, por vezes, precisemos construir algum alicerce para depois darmos um salto; o problema acaba sendo a atitude covarde que assumi-

> **NADA É FEITO SEM ALTA ENERGIA.**

mos quando nos acostumamos com algo que nos trava ou impede de viver uma paixão com alta energia.

Viver com paixão é amar o que você faz, é mal esperar a hora de ir trabalhar, é não perceber que o tempo passou e, ao final, nossa energia está aumentada! Entenda que podemos ter muitas paixões; não reduza a sua grandeza!

Pessoas que são apaixonadas pelo que fazem têm muito mais condição, se trabalharem bem o corpo, de viver em alta energia.

O VALOR DO SIGNIFICADO

Mesmo sabendo para onde queremos ir, o *por que* é fundamental.

As pessoas do "novo mundo" querem atribuir um significado a cada coisa que fazem. Viver e trabalhar como um robô, receber dinheiro para pagar contas e mais algumas necessidades é muito pouco para muita gente, principalmente para as gerações mais novas. As pessoas querem algo que as motive, inspire e que defina sua existência. É lançar o olhar ao futuro para depois relancear o passado e ver o que foi conquistado!

Certa vez participei de um *workshop* com Marshall Goldsmith, uma grande personalidade da área de gestão. No evento, Marshall mencionou um pensamento que me marcou: o futuro das organizações que desejam manter talentos passará por valorizar mais o "por que" elas fazem algo do que o "o que" e o "como".

Normalmente, funcionários que veem um significado em seu trabalho o executam com mais engajamento e de forma proativa. Não esperam as coisas se movimentarem.

O significado é o encontro de um claro entendimento de identidade pessoal com a identidade de uma empresa, de um trabalho, de uma função, de uma tarefa ou de um projeto. Seres humanos do novo mundo precisam da unificação das identidades para sentir que efetivamente contribuem com a causa. Funcionários querem se sentir parte daquele propósito importante que foi realizado. Isso, muitas vezes, é suficiente para injetar um ânimo de longa duração

SEGUNDO O FILÓSOFO NIETZSCHE, "AQUELE QUE TEM UM *PORQUÊ* PARA VIVER PODE SUPORTAR QUASE QUALQUER *COMO*".

em uma pessoa, dando-lhe a vontade de se engajar na atividade em questão.

Tudo o que os líderes da atualidade precisam é saber construir, com honestidade, significado para seus liderados. Por que estamos fazendo o que estamos fazendo? Qual é a contribuição de cada um? O que isso impactará no futuro? Perguntas como essas ativam a identificação das pessoas com áreas de conhecimento, trabalhos, missões e projetos.

Em janeiro de 2017, eu, minha esposa e um amigo fomos conhecer a sede dos mórmons na cidade de Salt Lake City, nos Estados Unidos. De uma beleza e magnitude esplêndidas, as obras, prédios e monumentos dos mórmons são de se admirar. Durante a visita, algumas moças foram alocadas como nossas guias e uma delas era do Brasil. Perguntei o que a motivava a estar ali e ser voluntária. Ela respondeu, com um profundo entusiasmo e orgulho: "Estou ajudando as pessoas e melhorando o mundo". Note que, com poucas palavras coordenadas em uma única frase, tudo aquilo tinha um profundo significado para ela. Não se compra o entusiasmo das pessoas; é um estado que somente vem à tona quando existe significado.

Podemos encontrar com a mesma facilidade pessoas entusiasmadas em outras religiões, como no islamismo, no catolicismo, no presbiterianismo, nas congregações evangélicas e espíritas, entre tantas outras. Muitas vezes, uma organização cria de forma consciente seu significado e ocasionalmente as próprias pessoas o criam por sua interpretação individual.

Em contrapartida, a ausência de significado pode levar muito sofrimento à vida das pessoas. A falta de uma meta, de um objetivo ou de um propósito que as faça acordar todos os dias com uma enorme vontade de viver pode drenar toda a energia de realização.

Você pode estar se perguntando: "Como posso encontrar significado?".

Antes de mais nada, o que está fora deve estar dentro. Pessoas que não conseguem encontrar um significado têm a tendência de

ANTES DE MAIS NADA, O QUE ESTÁ FORA DEVE ESTAR DENTRO.

viver de fora para dentro e não de dentro para fora. O externo as comanda. A preocupação com o que o outro pensa, com o futuro ameaçador, em como se defender contra o mundo, o pensamento catastrófico e o negativismo são alguns dos fatores detonadores da identidade pessoal.

Essas pessoas são reféns de uma completa ausência de si. Normalmente vivem uma vida de autoengano.

Quais são os principais fatores que sustentam uma vida de autoengano?

- Não querer se aprofundar em questões pessoais que machucam, doem e incomodam.
- Manter pensamentos viciados e aceitá-los como parte de sua personalidade.
- Apoiar-se por completo em remédios mais fortes para anular padrões que precisam ser trabalhados. (Devemos admitir que, por vezes, alguns medicamentos reguladores são necessários.)
- Viver em autoexclusão social.
- Afastar-se das pessoas que trazem alguma mudança ou nos fazem refletir.
- Abominar o positivo.
- Colocar-se sempre como vítima da vida, dos pais, da família, do chefe, dos colegas ou até de si mesmo.
- Tornar-se um crítico ferrenho de tudo como forma de se proteger.
- Esconder-se por trás do dinheiro, da fama ou do poder, mas mantendo os mesmos pensamentos e padrões miseráveis.
- Esconder-se em alguma religião.

Se existe uma forma de buscarmos o encontro com nós mesmos, esse caminho passa pelo autoconhecimento. Sócrates já dizia: "Conhece-te a ti mesmo". Jesus pregava: "Somente a verdade te libertará".

FLUA EM SUA VIDA

Durante aproximadamente três décadas, dediquei minha vida a educar pessoas de todos os tipos. Pude aprender na prática que, quando queremos encontrar um forte significado em nossa vida, precisamos nos abrir a nós mesmos. Transformações aconteceram a todas as pessoas que conheci e que decidiram dar esse passo em direção a elas mesmas.

Quando entendemos como funcionamos e o que nos motiva, fica mais fácil nos libertarmos das amarras. Esse tema foi objeto de muitos anos de estudo e de pesquisas para formular minha teoria sobre os Estados de Fluidez[1]. Depois de todos os meus esforços, percebi que as pessoas passavam quase uma vida tentando se descobrir. Compreendi que não precisaríamos de todo esse tempo se simplesmente investíssemos em jogar fora tudo o que não somos.

Quando você se concentrar em jogar fora e limpar estados mentais e emocionais que não estão de acordo com o que quer, tudo o que restar será a sua essência. Quando entramos em nossa essência, tudo flui. Essa foi a base do meu primeiro livro, *Flua*, lançado em 2011.

Acompanhando centenas de pessoas, percebi que muitas delas conseguiram, por meio de técnicas e de ferramentas da Teoria da Fluidez, limpar estados emocionais corporificados, ou seja, energias que estavam condicionadas em seu corpo e que futuramente poderiam se transformar em doenças. Quando as pessoas começavam a fazer as limpezas em seus campos sutis da mente, a capacidade de autoentendimento tendia a crescer, a percepção au-

---

1   Para mais informações, leia meu outro livro, *Flua*: pare de brigar com você e traga de volta seu alinhamento (3. ed. São Paulo: Goya, 2015).

mentava e a consciência se expandia. Muitas pessoas mudaram radicalmente sua vida, fazendo escolhas muito mais lúcidas.

Isso ainda é pouco entendido dentro de algumas organizações, mas tenho ficado muito feliz em ver inúmeros executivos e profissionais de RH passando pelos processos da Teoria da Fluidez.

1. Pare definitivamente de ficar repetindo padrões e achar que tudo é normal, pois não é. Vá à procura de algo que possa trazer entendimento e compreensão do motivo pelo qual você vem repetindo certos pensamentos e comportamentos em sua vida.
2. Imagine que tenha todo o dinheiro de que precisa! Faça uma lista de cinquenta coisas que desejaria ter e fazer. Feita essa lista, escreva outra com as características que você precisa trazer à tona para realizar a primeira lista. Volte a sonhar.
3. Faça cursos de autoconhecimento, imersões e terapias curtas. Mas cuidado com os cursos "milagrosos", que apenas existem para que possam vender a você o próximo "estágio". Quem opera todos os milagres somos nós mesmos.
4. Aprenda a silenciar a mente. Se você tem dificuldade, comece reservando curtos momentos de relaxamento durante o dia. Prepare qualquer elemento que induza ao relaxamento, seja um ambiente confortável, uma música, cheiros etc.
5. Abandone o vitimismo. Saia da dependência dos outros e assuma responsabilidade por suas escolhas e por sua vida.

Lembre-se de que seu corpo, sua paixão e o significado são poderosas alavancas energéticas que podem mudar tudo.

AS CHAVES PARA UMA VIDA EXTRAORDINÁRIA

Quem não quer ter uma vida extraordinária? Eu, você e todos aqueles que ouvirem essa pergunta vão responder afirmativamente. Mas como ter uma vida extraordinária se não controlamos tudo o que acontece no âmbito externo de nossa vida?

De fato, não temos controle sobre alguns eventos, mas temos mecanismos para enfrentar esses fatores externos de forma que possamos efetuar todos os ajustes necessários e lidar com o conjunto de emoções que inevitavelmente sentiremos.

Todo processo para uma vida extraordinária passa pela definição de premissas de vida. Pessoas de sucesso têm premissas internas, conscientes ou inconscientes, e as seguem à risca.

> **TODO PROCESSO PARA UMA EXISTÊNCIA EXTRAORDINÁRIA PASSA PELA DEFINIÇÃO DE PREMISSAS DE VIDA.**

AS CINCO PREMISSAS DA VIDA EXTRAORDINÁRIA

PREMISSA 1: TENHA UM OBJETIVO CLARO E SIGNIFICATIVO EM MENTE

Isso pode parecer um pouco óbvio e batido, no entanto, um sem-número de pessoas ainda insiste em viver sem ter um objetivo claro pela frente. Tenha algo que o toque profundamente, algo que você queira muito, que seja maior do que qualquer problema, dificuldade ou obstáculo. Algo que valha a sua vida, a sua dedicação, boa parte do seu tempo. Encontrar isso nem sempre é fácil, mas quem busca, acha. Encontre algo que gere um impacto positivo no mundo.

PREMISSA 2: ESTABELEÇA O QUE É INACEITÁVEL

O inaceitável representa tudo aquilo que sabotaria seu objetivo, pensamentos e condutas vindos de você mesmo ou de sua aceitação do externo; comportamentos inaceitáveis podem ser atitudes nocivas, abrir mão de valores ou de princípios morais. Definir o que é inaceitável traz um alinhamento natural e correção em sua atitude ou processo decisório. Ajuda com que você volte ao eixo da grandeza.

PREMISSA 3: COMEMORE CADA AVANÇO

Quando celebramos moderadamente cada conquista, recebemos uma dose de força e de entusiasmo para seguir em frente. Comemorar não é uma parada final, mas um abastecimento energético motivador que traz coragem e confiança em um caminho que, às vezes, pode ser demorado ou difícil. Entre no novo mundo exponencial e vá experimentando sem se culpar pelos erros. Erre e erre rápido para acertar rápido.

PREMISSA 4: TRAGA ALIANÇAS DE GRANDEZA

É crítico e fundamental que você traga para a sua vida pessoas que contribuam com seu objetivo, e não pessoas vampiras, negativas ou de pensamento pequeno. Pessoas de grandeza nos provocam, sabem encarar nossas conquistas sem inveja, nos apoiam, nos fazem pensar além do convencional. Procure se aproximar de indivíduos que contribuam com sua grandeza e permita que eles façam parte de sua vida. Frequente ambientes de cocriação.

PREMISSA 5: INDUZA ESTADOS EMOCIONAIS POSITIVOS

À medida que seus sentimentos e emoções entrarem em sintonia com seu objetivo, você produzirá uma frequência altíssima que atrairá o que procura. Sabe aquela famosa frase "o universo conspira a seu favor"? Pois bem, ele de fato conspira quando se está em alta frequência energética, e essa condição é alcançada por meio das emoções que você produz em seu dia a dia. Estados emocionais de poder, paz, alinhamento, coragem, força e grandeza ajudam a vibrar em um nível de pensamento que traz respostas às dúvidas, clareza na tomada de decisões e sabedoria nas ações.

Conforme você estabelece essas premissas, elas operam as forças catalisadoras da realização, ou seja, elas se alinham com um futuro próspero. Quando você cria um futuro extraordinário, ele o atrai.

COMO FAZER MIGRAÇÃO DE ESTADOS EMOCIONAIS?

Você já se sentiu refém de si mesmo? Muitas pessoas sentem coisas que não gostariam de sentir e não sabem como sair de determinados estados emocionais que, por vezes, são desagradáveis ou inadequados.

Quantas vezes você reagiu mal ao que uma pessoa lhe fez, mas preferia ter mantido a calma? Quantas vezes entrou em desânimo e

> **QUANDO VOCÊ CRIA UM FUTURO EXTRAORDINÁRIO, ELE O ATRAI.**

apatia, mas queria não ter passado por essa situação? Quantas vezes mergulhou em um estado de letargia e morosidade, mas gostaria de ter ficado mais ativo? Quantas vezes ficou apreensivo ao tomar uma decisão, mas queria ter agido com clareza e coragem?

Somos tomados por sentimentos a todo instante. Cada pensamento e situação que ocorre em nossa vida produz um sentimento, seja ele bom ou não.

Um dos aspectos do domínio emocional é ter a capacidade de mudar seus estados emocionais. Por exemplo, sair da raiva e alinhar-se, sair da tristeza e voltar ao entusiasmo etc.

É certo que, para isso ocorrer, você precisa de três habilidades que o empoderarão e permitirão que se torne um autorregulador emocional. Vejamos quais são essas habilidades.

1. AUTOPERCEPÇÃO

A primeira coisa que você precisa para mudar um estado emocional é perceber em qual deles você se encontra. Não há como andar em uma sala escura e cheia de objetos sem trombar neles. Para decidir por onde andar, você precisa acender a luz. O mesmo acontece com o que está sentindo. Como somos oriundos de um modelo de mundo masculino e dissociativo do sentimento, é comum encontrar pessoas dizendo que sentem "coisas ruins", mas não conseguem explicá-las. Nas imersões que conduzo, a primeira coisa que faço é entregar aos participantes um mapa que identifica 270 emoções. É curioso como as pessoas passam a descobrir quantas emoções elas têm e não faziam a menor ideia!

Com o passar do tempo, fica bem evidente que somos muito capazes de identificar nossas emoções; afinal, elas são produzidas por nós mesmos!

Uma vez que você perceba que determinado sentimento corresponde, por exemplo, a uma baita inveja do projeto do seu colega, fica muito mais fácil parar de lutar consigo mesmo e decidir sair desse padrão vibracional. Quando não percebemos nem reconhecemos que estamos, como no caso citado, sentindo inveja, continuamos uma luta interna com algo que nos está incomodando e ditando nossas reações, expressões e energia transmitida.

2. DEFINIR UM ESTADO EMOCIONAL QUE SEJA IDEAL

Quando percebemos o que estamos sentindo, é importante que façamos uma escolha. Qual emoção é a mais apropriada para determinada situação? Tomemos como exemplo o caso de alguém que está com ciúme ou inveja de um colega por seu chefe tê-lo elogiado por um trabalho. Isso vem da comparação!

> **SENTIR É INEVITÁVEL; CONTINUAR SENTINDO É OPCIONAL!**

Sendo assim, qual emoção pode alçar essa pessoa a uma alta energia positiva, fazendo-a sair da comparação que gera o ciúme e a inveja? Pode ser a curiosidade para aprender mais, o orgulho de ter um colega em alto nível, a gratidão por estar em uma empresa que reconhece valores individuais etc.

São tantas emoções, já dizia Roberto Carlos! Qual seria a mais apropriada para você?

Quando somos confrontados por essas escolhas e tomamos decisões, temos mais chance de sair do estado de refém emocional e de um padrão reativo negativo.

Para que isso aconteça, o passo mais importante é escolher, como em um cardápio, qual o sentimento mais apropriado para o momento. Pode parecer estranho, mas lhe asseguro que isso funciona, desde que você faça a escolha correta, além de seguir o próximo passo.

SE ESTÁ COM RAIVA, ADMITA!
SE ESTÁ COM CIÚME, ADMITA!
SE ESTÁ TRISTE, ADMITA!
SE ESTÁ COM MEDO, ADMITA!

EM SUMA, RECONHECER É O PRIMEIRO PASSO PARA A LIBERDADE EMOCIONAL.

3. INDUZIR A MENTE E AS AÇÕES

Uma vez definida a emoção mais conveniente, como induzi-la? É possível produzir um sentimento e manifestá-lo honestamente?

Afirmo com absoluta certeza: SIM!

É possível, e essa é a boa notícia.

Então, como fazer isso? Um caminho muito efetivo é a mente.

A mente não distingue o que é real do que não é. Ela considera as imagens que capta e também as produz. Essas imagens afetam diretamente nossos sentimentos. Se você enfoca o positivo, verá o positivo e produzirá algo positivo. O inverso ocorre de igual forma.

Por isso é importante prestar muita atenção ao que você pensa, pois isso influencia de maneira direta seus sentimentos.

Um exercício para averiguar isso é assistir a filmes e notar quais sentimentos determinadas cenas evocam.

Observe como livros, artigos e manchetes de jornais provocam sentimentos quando os lemos.

Certa vez eu estava lendo uma matéria de jornal em que um famoso político brasileiro mentia descaradamente para o público. Senti nojo. Perceba como nossos sentimentos estão completamente atrelados ao que vemos! No mesmo periódico li uma reportagem sobre a cura de uma doença rara! Isso me deu uma enorme satisfação!

Podemos ter diversos sentimentos ao ler uma mesma publicação!

Pare e preste atenção em suas leituras. Você verá como somos surpreendidos por sentimentos o tempo todo e de onde eles vêm.

De forma análoga, seus pensamentos produzem sentimentos. Cada vez que você pensa que algo dará errado, produzirá medo. Existem pessoas que estão viciadas em sentimentos de aprisionamento, enquanto outras vivem na plenitude da vida por terem pensamentos de alta grandeza.

O outro caminho é a ação. Quando agimos, produzimos sensações corporais. Por exemplo: experimente forçar-se a rir. Mesmo que sem vontade, é provável que depois de um tempo comece realmente a rir e tenha mudado seu estado emocional. É comum encontrarmos pessoas que mudam nosso estado emocional.

Em determinada ocasião, eu estava passando por um momento difícil, reflexivo e introspectivo. Isso precedia um evento do qual eu participaria. Percebi que precisava mudar meu estado de espírito, e nesse instante um conhecido se aproximou e iniciou uma conversa muito prazerosa. Ele era uma pessoa de alto-astral, que contou suas experiências e a forma como oferecia alguns serviços sensacionais para uma cadeia de fornecedores/clientes. Sua animação me contagiou a ponto de, na despedida, eu notar que meu corpo se tornara vivo, animado e energizado. Veja, uma pessoa com uma conversa de alto-astral foi capaz de me catapultar do estado em que me encontrava para outro nível vibracional. Quantas vezes isso não ocorreu com você? Mas pergunto: Você quer ficar à mercê de outras pessoas para se levantar e mudar seu estado emocional?

Se uma pessoa é capaz de mudar seu estado emocional por meio de uma conversa, de uma ação ou de um movimento, você também é capaz de fazer isso consigo mesmo, desde que deseje se movimentar. O que pode te atrapalhar é aquela voz interna e negativa dizendo: "Que bobagem! Para com isso! Você está com medo e ponto final!".

Se você der atenção a essa voz interna, certamente ela manterá as coisas como estão e você continuará refém do que sente, nunca acreditando que é capaz de mudar seus estados emocionais.

Mas talvez você me pergunte: "O.k., Louis, tenho um sentimento de tristeza pela perda de uma pessoa querida, mas preciso ir ao trabalho e incutir entusiasmo em uma equipe de vendas durante uma reunião. O que fazer com a tristeza? Pois ela está lá! Eu apenas a anulo temporariamente?".

> **A MENTE NÃO DISTINGUE O QUE É REAL DO QUE NÃO É.**

Migrar de estado emocional não significa que o que precisa ser sentido será ignorado! A tristeza pela perda será sentida e liberada em algum momento da vida, mas, na situação mencionada, durante aquela reunião em que as pessoas precisam de energia e força para alcançar metas, é necessário que você induza um sentimento genuíno de entusiasmo. Passada a reunião, a tristeza pode até voltar, se for o caso, e depois ser liberada.

Na Parte 2 deste livro você encontrará os nove estados emocionais dos seres humanos dos quais todos somos dotados. Eles regulam uma série de fatores em nossa vida; podem nos fazer agir e reagir, positiva ou negativamente. Dominar os estados emocionais é entender como transitar entre eles, trazendo o melhor para dentro do seu mundo; é saber sair de um padrão de frequência negativo e ir para um padrão positivo.

Mais adiante, apresentarei uma abordagem que aprofundará seu entendimento sobre cada estado emocional, dando-lhe condições de ampliar o autoconhecimento e sua aptidão para transformar sentimentos por meio de exercícios e chaves ativadoras de bem-estar e de centralização.

ENTENDA QUE MIGRAR DE ESTADO EMOCIONAL É UMA HABILIDADE ALTAMENTE PODEROSA E O TORNA MESTRE DE SI MESMO. É SEU LADO MADURO. ISSO É DOMÍNIO EMOCIONAL!

CAPÍTULO 4

LIBERDADE EMOCIONAL, SUA SAÚDE EM JOGO

O SISTEMA DO MUNDO

Vivemos em uma sociedade que criou uma lógica que chamo de "sistema do mundo". Poderíamos pesquisar a fundo a origem desse sistema, mas isso tornaria este livro longo demais. Portanto, convido o leitor a fazer esse estudo por si mesmo, caso sinta necessidade. Aqui, tratarei o sistema como um modo de consciência coletiva global.

É certo que existem outros subsistemas derivados por diversas escalas, mas me refiro ao sistema maior, que comanda todos. O sistema do mundo, de forma geral, é regido pelo medo. Dentre os muitos temores, o principal deles é o medo da morte, que leva o indivíduo a pensar em comer, subsistir, dominar para não ser dominado, atacar para não ser atacado, roubar para não perder, roubar para ganhar, ostentar para parecer, fingir ser algo para existir, proteger para não ficar sem, guardar para manter e espiritualizar para ser respeitado, entre tantos outros mecanismos de defesa.

O SISTEMA DO MEDO PRECISA CRIAR MECANISMOS COLETIVO-SOCIAIS DE DEFESA PARA EXISTIR. AO FINAL, LEVA CADA UM AO EGOÍSMO.

Como ele faz isso? De diversas formas, a começar pela separação: quanto mais dividido o mundo fica, maior a distância entre pessoas, mais distante se torna a interatividade. Por certo, a internet é o grande instrumento de desmonte desse sistema; no entanto, ainda estamos no início de uma reconexão coletiva.

Na atual configuração do mundo, composto por diversos países, é comum vermos cada nação criando sistemas de proteção ao seu povo, buscando ordem e progresso, vantagens e benefícios. Os Estados são constituídos, então, para se proteger, para se reproduzir e se perpetuar.

Cada país faz seu movimento. Esse modelo que busca vantagens e benefícios gera também movimentos para dentro, em que regiões, cidades, empresas, departamentos e até pessoas fazem o mesmo em relação ao restante da sociedade. Percebe-se, então, um movimento cíclico de um indivíduo para o coletivo e do coletivo para o indivíduo.

Os movimentos entre os grupos partem ainda do pressuposto da proteção. É certo que há muitos movimentos orientados para o fortalecimento da confiança – caso do trabalho em equipe, entre tantos outros –, mas atualmente é mais forte ainda o sentimento de preservação dentro de uma mesma espécie; em nosso caso, a raça humana.

É como uma roda que não para, que segue girando continuamente, passando por locais novos. Assim é o drama da humanidade, vivemos os medos por eras, mas com histórias diferentes.

Certa vez, um amigo me contou uma experiência que teve convivendo com uma tribo de aproximadamente 180 índios nas florestas brasileiras. Depois que chegou à tribo, com a ajuda de alguns amigos que facilitaram sua permanência, no seu segundo dia, por volta das nove horas da manhã, foi conversar com um índio para saber como seria a refeição. Ele, então, travou a seguinte conversa:

– Vamos ter algo para comer?

– Vamos – o índio respondeu.

– Mas quem vai providenciar a comida?
– Pessoal vai caçar algo.
– Mas e se eles não acharem nada?
– Eles acham.

Ao meio-dia, um grupo de índios saiu para caçar. Um tempo depois eles por fim voltaram com alguns macacos, raízes, formigas e frutas.

Meu amigo pensou que iria ver um movimento desordenado da tribo, avançando sobre a comida, mas nada disso ocorreu. Cada um se apresentou ao seu tempo, comeu exatamente o que precisava, sem pressa, e foi embora. Depois disso, meu amigo perguntou:

– E à noite, teremos comida?
– Teremos – o índio respondeu.
– Mas como teremos certeza?
– Eles vão e trazem na hora.

Na tribo, ninguém se preocupava com o amanhã, pois todos sabiam viver com aquilo que tinham à disposição. Eles conseguiam tudo de que precisavam e não acumulavam absolutamente nada.

Durante esse período, o único que sofria por não ter qualquer reserva de comida era meu amigo. Isso perdurou até o início da segunda semana, quando ele finalmente abandonou a ansiedade e passou a viver uma coisa de cada vez.

No sistema em que vivemos, somos condicionados a entrar em um ciclo de ansiedade, consumir o desnecessário e acumular pensamentos e ideias que nos viciam. Não é fácil perceber e lidar com os meandros do nosso sistema. Às vezes precisamos ter uma experiência transcendente como meu amigo teve, com a tribo indígena.

O sistema precisa continuar existindo, e por isso ele se retroalimenta usando controles de vários tipos.

Não é fácil sair do sistema, mas quando nos damos oportunidades de aprender e experimentar outros modelos de existência, ganhamos condições de olhar para a realidade com olhos conscientes.

É certo que não será lutando contra o sistema que iremos transcendê-lo, até porque a luta em si nos manteria dentro do próprio sistema. Compreender o sistema em que vivemos e como ele opera facilita a integração com nossas partes.

Nosso sistema nos controla por intermédio do medo baseado em cinco aspectos:

1. Temos que nos alimentar para viver (pois o corpo pede).
2. Precisamos de um lugar para entregar o corpo ao sono com segurança.
3. Desejamos a companhia de pessoas para saciar nossas carências, relações e afetos.
4. Ambicionamos dinheiro para poder garantir as coisas.
5. Temos que ser reconhecidos em algum aspecto que demonstre nossa contribuição ao mundo.

O medo de não alcançar tais coisas é que nos leva a entrar no sistema de luta por tudo aquilo que desejamos. Quanto maior o medo, maior o desejo de fugir do próprio medo. Essa é uma das rondas cíclicas em que nos encontramos.

Muitas pessoas passam a vida lutando com questões financeiras, outras com questões afetivas, outras ainda com questões alimentares e assim por diante. Seguimos em ciclos repetitivos, retroalimentando o sistema que nos instiga a batalhar e lutar contra algo.

Nós somos fruto do sistema, nos alimentamos dele e seguimos educando crianças dentro desse mesmo sistema.

Como podemos romper esse ciclo de repetições em nossa vida?

OS IMPLANTES, OU QUEM NOS ROUBOU DE NÓS

Voltemos às crianças.

Em que momento da vida você não estava nessa energia de separação, de sobrevivência física e moral?

Em que época de sua vida você não tinha medo e tudo representava uma aventura?

Quando era criança!

Se todos nós tivemos, de certa forma, uma condição temporária de plenitude do que somos, quem nos roubou de nós?

A condição de morte é real. Quando nos damos conta de que o corpo morre, entendemos o que é o tempo linear. Se não tivéssemos um corpo perecível, em termos das três dimensões (altura, largura e profundidade), provavelmente entenderíamos o fator "tempo" de outra forma. Porém, aqui estamos para esta fantástica experiência de viver como um membro da espécie humana.

Saber que o corpo morre nos leva a buscar proteção para nós mesmos e para aqueles que nos são caros. Esse instinto nos impele, muitas vezes, a criar formas não pensadas pela consciência, para agir e reagir de acordo com o medo. Mais uma vez, o medo se faz presente para nos modelar ao sistema. Tornamo-nos ao longo da vida o sistema, e fazemos isso com os outros.

QUANDO ÉRAMOS CRIANÇAS E PLENOS, VIVÍAMOS COM UMA TOTAL LIBERDADE DE EXPRESSAR O QUE QUER QUE FOSSE.

Como o sistema vai, aos poucos, nos afastando do que verdadeiramente somos? Por meio do que chamo de "implantes".

O que é um implante?

Desde o momento que nascemos, recebemos uma série de implantes de nossos pais ou mesmo daqueles que nos cercaram ao longo do nosso processo de crescimento. Ninguém faz isso por mal, mas o faz por também ter sido condicionado ao receber seus próprios implantes.

Os implantes se referem ao modelo de pensar e de viver daqueles que já tiveram suas experiências de vida e chegaram a suas próprias verdades, que precisam ser transmitidas aos outros. Não creio que as verdades sejam boas ou ruins, porém são as verdades de cada um.

Implantes se dão de muitas formas, da mais evidente à mais sutil. Vamos ver um exemplo.

Quando um pai adverte o filho e diz: "Cuspir a comida é muito feio!", o que ele quer dizer é: "Não faça isso aqui na mesa, respeite todos!".

Em contrapartida, os motivos da criança ao fazer aquilo são: "Comida ruim, detestei o gosto, não posso ficar com o que não me agrada dentro de mim!".

Ora, a criança manifestou a mais pura verdade ao se exprimir.

O pai também está certo em sua intenção, mas não é isso que foi recebido pela criança. Ela entende que não pode mais colocar para fora o que não gosta.

Se não houver uma comunicação muito clara dos motivos por parte do pai, um implante pode ser absorvido na hora.

Implantes são incutidos em situações aparentemente simples e bobas.

"A vida é dura, viu, ninguém vai cuidar de você. Portanto, se vira!" Esse é o caso de um pai que teve uma vida difícil e queria que seu filho se preparasse melhor para enfrentá-la. O filho assimilou o implante e passou a ver as pessoas à sua volta sempre

IMPLANTE É UM CONCEITO, UMA VERDADE, UMA IDEIA OU UMA FORMA DE PENSAMENTO QUE FOI ABSORVIDA POR VOCÊ, DE FORA PARA DENTRO. ELE PODE SER SAUDÁVEL OU NOCIVO, MAS ENTENDA QUE É ALGO QUE NÃO VEIO DE VOCÊ. MUITOS DOS IMPLANTES, EM UM PRIMEIRO MOMENTO, NÃO FORAM PEDIDOS.

como ameaças, tendo inúmeros problemas de relacionamento.

"Seja uma menina boazinha." Nessa situação, a mãe queria um comportamento social aceitável por parte da filha, que agiu de acordo até os 50 anos, quando entrou em depressão por sempre tentar agradar aos outros e não saber quem era ela própria.

"Tenha cuidado, nunca se arrisque; seu primo morreu de acidente porque foi imprudente." Aqui o pai que tentava proteger o filho, implantando nele o medo. O filho, durante a vida toda, foi apagado, sem criatividade, nunca ousou. Tornou-se um funcionário público infeliz até desenvolver um câncer e mudar radicalmente a vida.

As razões do implante normalmente envolvem:
- Proteção
- Querer o bem-estar do outro
- Preservação
- Busca de uma tradição
- Projeções pessoais
- Traumas pessoais
- Acessos a estados emocionais inconscientes

Crianças são frágeis e verdadeiras esponjas por sua própria natureza, por isso reproduzem tudo que absorvem do exterior, mesmo aquilo que vai contra a sua índole.

Esses implantes reproduzem o sistema dentro dos novos habitantes do planeta. O sistema interno reproduz instantaneamente o "medo". Muitas pessoas acreditam que o medo é bom e protege nossa existência.

Permita-me trazer aqui uma reflexão a esse respeito. Animais não têm medo, nenhuma espécie do mundo sente medo.

As espécies possuem o que chamo de estado de alerta e completa atenção por instinto de sobrevivência. Um esquilo está atento todo o tempo, e quando sofre a ameaça de um predador, seu sistema nervoso é ativado por completo, para que ele possa preservar sua existência. Seu batimento cardíaco é alterado como consequência de todo o processo. Após escapar de uma ameaça, ele se mantém alerta e continua sua vida normalmente. Se fôssemos compará-lo com algum ser humano, pode até ser que este ficasse uns bons dias recolhido em casa por causa da ameaça e do risco vivido. Isso é o que eu considero medo.

Medo é algo que nos paralisa e impede de seguir o fluxo natural da vida. Muito diferente de cautela, de zelo, de cuidado, que são atitudes cruciais para ponderarmos nossos movimentos, decisões e escolhas.

O medo nos afasta do que de fato somos, não permitindo o fluxo da experiência e do crescimento.

A maneira como outras espécies se comportam para sobreviver não passa pelo medo. Nossa espécie, em contrapartida, encontra muitas formas de sobreviver.

É notável que, como implante soberano do sistema, o medo traz o controle como meio e modo de vida. Queremos controlar tudo a todo instante. Quem quer controlar, controla; mas é simultaneamente controlado.

Durante muitos anos, conduzindo programas de desenvolvimento, encontrei pessoas com crenças que as limitavam, não permitindo que fossem aquilo que de fato poderiam se tornar. Uma crença é algo em que você passa a acreditar. É certo que tudo em que acreditamos acaba, de alguma forma, por se tornar a nossa realidade. Somos criadores em múltiplos níveis em nossa vida.

QUEREMOS, COMO MECANISMO
DE SOBREVIVÊNCIA:

- NOS DESTACAR PARA
SERMOS RECONHECIDOS;

- NOS MANTER EM CARGOS PARA
GARANTIR CONDIÇÕES DE VIDA;

- ACUMULAR MUITO DINHEIRO PARA
NÃO PASSARMOS NECESSIDADES;

- ACUMULAR MUITO DINHEIRO
PARA DOMINAR;

- ANULAR TODO TIPO DE AMEAÇA;

- DESTRUIR OUTRAS PESSOAS
QUE REPRESENTAM RISCOS;

- ELIMINAR QUEM INCOMODA
OU NÃO CONCORDA CONOSCO;

- ENFRAQUECER O AMBIENTE PARA
PODERMOS REINAR SOZINHOS;

- MENTIR PARA NOS MANTER.

MECANISMOS DE SOBREVIVÊNCIA

O que distingue os organismos vivos dos outros é a capacidade de se moverem. Em nosso sistema e em nosso organismo, a energia que nos proporciona a vida e nos movimenta pode ser percebida durante a respiração, a digestão, nos batimentos cardíacos e nas contrações musculares.

Todo sistema vivo tem o impulso inato da sobrevivência. Sendo assim, como parte da existência, o ser humano também tem por instinto a busca por subsistir. É notório e natural. Mas cabe a indagação: sobrevivência a quê?

A manutenção do corpo físico é uma condição, digamos, natural do ser humano, bem como de toda e qualquer espécie que habita o planeta. Portanto, o zelo com a nutrição, com a higiene – de acordo com o nível de consciência da época e do ambiente – e com a saúde envolvem o bem-estar que almejamos.

Tomemos o exemplo de um urso, que, de forma análoga, busca a manutenção de seu corpo. Ele caça para sobreviver, ele se banha, se limpa e lambe as próprias feridas dentro de suas limitações.

A espécie humana vive em condição similar.

Na manutenção da moral, uma série de outros fatores são considerados como requisitos de sobrevivência. Vamos a alguns deles:

- Tenho que ganhar muito dinheiro para ser alguém.
- Tenho que possuir bens para que os outros me deem valor.
- Tenho que obter um diploma para ser reconhecido.
- Tenho que conquistar muitos títulos para ser respeitado.

TEMOS, EM SÍNTESE, DUAS NECESSIDADES BÁSICAS DE SOBREVIVÊNCIA:

1. MANUTENÇÃO DO CORPO
2. MANUTENÇÃO DA MORAL

- Tenho que encontrar um(a) companheiro(a) para ser aceito.
- Tenho que fazer a diferença no mundo para justificar minha existência.
- Tenho que formar uma família para ser feliz.
- Tenho que ser uma pessoa boa para ninguém me criticar.
- Tenho que ser equilibrado para servir de exemplo.
- Tenho que trabalhar em equipe para mostrar minhas habilidades.
- Tenho que gerar resultados para ser visto.
- Tenho que me vestir como os demais para eles me aceitarem.
- Tenho que usar um relógio de marca para ser notado.

Não quero que você se sinta mal por tantos "tenhos" em sua vida. O modelo existencial da humanidade e do sistema social em que estamos inseridos faz com que atuemos na base do "tenho que". No entanto, a minha pergunta é: Agimos com que nível de consciência?

VOCÊ É UM MERO ROBÔ, À MERCÊ DAS MANUTENÇÕES MORAIS IMPOSTAS PELO SEU MEIO?

Você pode muito bem entender uma exigência social, caso se adapte a ela com a consciência de que nada disso é você.

E como você saberá se está no paradigma do sobrevivente? Se estiver ansioso e sofrendo. Simples assim!

O ser humano, quando não está alinhado com sua essência e cai na armadilha de viver de acordo com os mecanismos de sobrevivência, comete uma autotraição a tudo o que ele é e cede à pressão externa, perdendo seu molde de personalidade em favor de uma ilusória satisfação moral.

Quanto mais acionamos os mecanismos de sobrevivência de forma inconsciente, mais nos distanciamos da nossa alma, que contém os registros de nossos motivos e de nossa existência.

A DOR DA ALMA E OS MEIOS DE DEFESA

O que vem a ser a alma? Ela é a sua essência divina, aquela chama que alimenta sua existência, que o faz sentir-se vivo e presente no corpo que habita. A alma é seu campo vivo de energia inteligente. Ela preenche seu corpo e é algo tão vigoroso e tão forte que transcende o corpo físico, a ponto de permitir conexões profundas com muitas dimensões da realidade. A alma não tem moral, pudor, julgamento, idade nem forma; é o alimento da existência, o princípio que nos move em direção a um sentido maior de viver.

A alma clama, pede e implora. Quando estamos em plena sintonia com ela, a vida se torna mais fluida e leve, mesmo diante de desafios.

Por outro lado, a alma também sente dor. Muitas pessoas se encontram com a alma chorando de dor. Essa alma pede mudanças, mas as pessoas não sabem como superar essa dor, que é tão profunda que nenhum aparelho da medicina convencional é capaz de medir.

Muitos indivíduos estão deprimidos e sem rumo em razão da dor em sua alma. Esse sofrimento vai a extremos em alguns casos, em que se chega a considerar o suicídio ou até a consumá-lo.

Essa dor é como um grito altíssimo que só nós somos capazes de escutar. É um vazio impreenchível, como uma rocha não penetrável ou um rio caudaloso e interminável.

As pessoas com dor da alma costumam ter dois comportamentos comuns.

1. BUSCAR AJUDA

A razão de cursos espirituais estarem em franca ascensão no mundo é um sinal muito claro de que as pessoas estão buscando uma cura para sua alma. Nesses cursos, muitas acabam encontrando a si mesmas, pois passam a rever sua vida e comportamentos, entendendo que precisam recuperar o seu eixo.

Muitos indivíduos que estão com sofrimento na alma também procuram as religiões, que, por sua diversidade, acabam sendo um fator positivo, facilitando a análise e a escolha do caminho espiritual com o qual se julga ter mais afinidade.

2. FECHAR-SE EM SEU MUNDO

Outro rumo que algumas pessoas tomam quando estão com dor da alma é caminhar para dentro de si mesmas. Essa escolha tem dois aspectos mais evidentes. O primeiro mostra haver pessoas que não gostam de se abrir umas com as outras; para elas, a jornada interior pode se provar a melhor saída. Outras têm uma atitude semelhante à de hibernar e ficam nesse estado vazio por longos períodos, que podem se estender por tempo demais. Essa espécie de letargia ocasiona profundas reflexões e mudanças na maneira de ver e viver a vida. Esse estado de hibernação ou de isolamento em uma caverna, ainda que a pessoa leve sua vida normalmente, com o trabalho e outras atividades, funciona quando o indivíduo colhe percepções e conclusões evolutivas, mesmo que em menor volume. Quando há progressos nesse estágio, a alma vai se acalmando até que o indivíduo consegue se realinhar.

Por outro lado, algumas pessoas se fecham em seu mundo em um sofrimento que apenas se retroalimenta, acabando em um estado de autopiedade no qual enxergar-se sofrendo é uma punição desejável. É como se testemunhar o próprio declínio validasse a dor da existência. É uma penitência autoimposta, como forma de justificar a dor que se sente.

Não é raro as pessoas começarem a adoecer, cedendo à completa paranoia e a surtos psicóticos. Na maioria dos casos, elas levam o caos também aos amigos e à família; carregam problemas e vão envolvendo a todos em um grande círculo de confusão e conflitos. Colocam-se como vítimas ou são os algozes daqueles que lhe são caros. O conflito externo é uma forma de extravasar suas angústias e dores.

É fato que famílias inteiras podem sucumbir a um campo de conflito e mágoas sem fim. Pessoas emocionalmente doentes não percebem o que fazem e acreditam que todos deveriam ter mais compreensão e compaixão. Normalmente, seus valores, referências e atitudes são distorcidos por sua injustificada dor. A culpa é seu instrumento básico de manipulação.

No fundo, toda essa questão gira em torno dos sistemas de defesa. Muitos não sabem como lidar com as dores de sua alma e a única maneira que encontram é envolver outros, que não são especialistas no assunto. (Note que os profissionais da área investigarão as causas do sofrimento, e essas pessoas não estão dispostas a isso.)

À medida que se toma consciência das dores e se entende que tudo é um movimento natural da alma, que clama por liberdade e identidade de vida, as coisas tendem a se aprumar em um fluxo de decisões mais assertivas.

A consciência da sua realidade é a chave da sua liberdade.

Na Parte 2 deste livro, você encontrará uma ampla e profunda reflexão sobre os nove estados emocionais que o acompanham desde o nascimento, e entenderá como pode transcender qualquer situação a partir de sua vontade.

Saber lidar com os estados emocionais lhe dará condições plenas de navegar o mar de sentimentos trazidos por um mundo volátil, integrado e exponencial.

Você encontrará também 45 exercícios selecionados por mim para ajudá-lo nessa travessia e impulsionar a migração de um aspecto negativo para um positivo.

Boa viagem!

PARTE II

OS NOVE ESTADOS EMOCIONAIS EM UMA ERA EXPONENCIAL

— CAPÍTULO 5 —

APATIA

DA ESTAGNAÇÃO AO ENTUSIASMO

ELE ESTAVA HÁ DIAS OLHANDO PELA JANELA, NÃO TINHA FOME, NÃO TINHA VONTADE DE SAIR, DE CONVERSAR NEM DE SE MOVIMENTAR. O TEMPO PARECIA TER CONGELADO E SEM UM MOTIVO MAIOR. VÁRIAS VEZES FORA PROVOCADO PELA MULHER, MAS APENAS VIVIA SUA ROTINA NO TRABALHO, EM CASA E EM SEUS FINS DE SEMANA SEM QUALQUER EMOÇÃO.

A AUSÊNCIA DE UM FUTURO ATRATIVO

Todos nós, seres humanos, estamos sujeitos a sofrer de apatia em algum momento da vida. Esse estado emocional faz com que o indivíduo se torne indiferente ao que acontece à sua volta e incapaz de reagir a qualquer estímulo. Em um ambiente mutante e exponencial, o futuro passa a ser um ponto negro, sem brilho, sem cor e sem significado. A ausência de uma perspectiva atrativa desloca o eixo energético de uma pessoa. Por conta de uma rotina de obrigações, muitos vão trabalhar em estado de completa apatia.

Mas o que realmente acontece quando alguém está apático? Quais são os efeitos desse estado psicológico na vida de uma pessoa e, consequentemente, de todos que a querem bem? Vamos falar sobre essa questão, que é considerada por especialistas um transtorno dissociativo de identidade no nível extremo.

APATIA: UM ESTADO QUE PODE ESTAR MUITO PRÓXIMO DE VOCÊ

Podemos definir apatia em uma expressão que traduz e facilita o seu entendimento: "um estado de indiferença".

Essa é a condição de quem se encontra sem emoção, sem motivação e completamente sem entusiasmo. É quando um indivíduo não responde aos estímulos da vida em todos os seus âmbitos: emocional, social e físico. Considerando em especial o aspecto físico, uma pessoa apática sente um enorme desgaste, seguido pelo enfraquecimento dos músculos e por uma falta de energia que parece irrecuperável.

> APATIA É CONSIDERADA UM TRANSTORNO DISSOCIATIVO DE IDENTIDADE NO NÍVEL EXTREMO.

A apatia é classificada como depressão em nível moderado, e quando chega ao nível extremo, passa a ser tida como um transtorno dissociativo de identidade. De acordo com o *Dicionário de termos técnicos de medicina e saúde*, de Luís Rey,[1] o termo é definido como "um estado caracterizado pelo desinteresse geral, pela indiferença ou insensibilidade aos acontecimentos, pela falta de interesse e de desejo por qualquer coisa".

A ORIGEM DA PALAVRA
Com raízes no termo grego clássico *apatheia*, *páthos* representa tudo aquilo que afeta o corpo ou a alma, podendo designar tanto a ausência de doença e de lesões orgânicas quanto de paixões e emoções; representa também a dor, o sofrimento, o estado da alma diante de circunstâncias exteriores que são capazes de produzir

---

1   REY, Luís. *Dicionário de termos técnicos de medicina e saúde*. 2. ed. Rio de Janeiro: Guanabara Koogan, 2012.

emoções agradáveis ou desagradáveis. Segundo os filósofos gregos seguidores da escola estoica, fundada por Zenon, a apatia seria o único caminho para a vida virtuosa. Já no século 2 d.C., o filósofo e médico Galeno de Pérgamo empregou esse termo no sentido somático, referindo-se a lesões em parte do intestino.

Ainda falando sobre sua origem, a palavra *apatheia* foi utilizada por Aristóteles para designar a impassibilidade e a insensibilidade do ser humano. A partir dessa ideia, o estoicismo expressa um verdadeiro estado de espírito ideal a ser alcançado pelo homem durante sua existência. Conforme relata Joffre de Rezende, professor da Faculdade de Medicina da Universidade Federal de Goiás, a filosofia estoica defendia que o sofrimento decorre das reações despertadas no ser humano por quatro classes de emoções, divididas em dor, medo, desejo e prazer.[2] A apatia tornou-se um ideal a ser alcançado por quem seguia essa doutrina, a partir da aceitação natural dos acontecimentos, da atitude passiva diante da dor e do prazer, da abolição das reações emotivas e da ausência de paixões de qualquer natureza.

Segundo um dos verbetes do *Dizionario etimologico storico dei termini medici*, do italiano Enrico Marcovecchio,[3] "o comportamento aceitável [para quem seguia o estoicismo] era aquele em que nada desejavam, de nada se queixavam, não se irritavam e nem se alegravam com coisa alguma, com o objetivo amplo de libertar o homem de quaisquer sofrimentos que o acometessem". Joffre declara também que apenas a partir do século 17 a apatia adquiriu a acepção de indolência, representando, como consta no *Dicionário de medicina e ciências afins* (1873), de Émile Littré e Charles-Philippe Robin, "o estado de entorpecimento das faculda-

---

2   REZENDE, Joffre M. de. *Linguagem médica*. 4. ed. Goiânia: Kelps, 2011.

3   MARCOVECCHIO, Enrico. *Dizionario etimologico storico dei termini medici*. Ferrara: Festina Lente, 1993.

des morais, que é quando o indivíduo se comporta como insensível à dor e ao prazer, experimentando uma espécie de preguiça para se movimentar".

Como estado negativo de pouca reação psicológica e física, a apatia representa a indiferença perante alguma situação ou alguém, tendo como características principais a inércia, a fraqueza e o desgaste do corpo, além da imensa falta de energia.

Uma vez indiferente, a pessoa não fica suscetível às emoções exatamente pela falta de sensibilidade e sentimento, pelo marasmo em que se encontra, estado do qual não consegue sair. Além disso, a apatia causa frieza e sonolência, o que afeta diretamente a área da dor e o retardo psicomotor.

No âmbito da filosofia, a apatia é essa carência de afeto, chamada de ataraxia, que traduz a ausência de inquietude e a tranquilidade de ânimo. Esse termo foi usado pela primeira vez por Demócrito, logo sendo adotado pelos estoicos e céticos, que acreditavam ser a atitude ideal. Para os céticos, a apatia é um comportamento negativo perante o valor ontológico do conhecimento que, diante das limitações da percepção sensível e do conhecimento racional, suscita o questionamento e busca descobrir a razão dos limites dos indivíduos. Assim como acreditava Diógenes, na filosofia antiga, que a apatia possuía o significado da felicidade, no século 18 Kant defendia que esse era um ideal que todos deveriam alcançar, deixando de valorizar os sentimentos.

No âmbito teológico, a apatia está relacionada com o total desprendimento dos ditos bens materiais e terrenos; a apatia espiritual, por sua vez, caracteriza uma pessoa que está distante de Deus e que não recorre à sua fé para reunir a força e a vontade de viver.

Para a psicologia, estar apático é não reagir afetivamente, o que pode se expandir para a chamada apatia social, que ocorre quando a pessoa não tem vontade de se indignar ou de tomar alguma atitude em relação a problemas que afetam diretamente a sociedade, como a corrupção política.

POR QUE UMA PESSOA SE TORNA APÁTICA?

Vivemos em um tempo acelerado, volátil e, por vezes, superficial. Muitas pessoas acabam por enxergar o mundo atual como um campo de batalha e sobrevivência, onde adotamos um estilo de vida mecânico, com poucas horas de sono, muito trabalho e a mesma rotina todos os dias.

Ao consentirem com essa mecanização, as pessoas são levadas a robotizar a própria vida, assumindo um estado de repetição em que algumas válvulas de escape se apresentam sob a forma de bebidas alcoólicas, diversão alienada e futilidades sociais.

No fundo, o ser humano começa a se cansar de tudo isso e da luta pela vida. Esse cansaço traz uma espécie de fuga da realidade ou completo abandono posicional na vida. Há a ausência de um desafio significativo.

O ser humano, nesse estágio, começa a se tornar apático e com isso desencadeia sintomas como letargia, desgaste físico e fraqueza. A apatia se parece com uma tristeza seca.

O corpo passa a denunciar que algo está errado, aparecendo, inclusive, casos de febre e anemia. A apatia faz parte do diagnóstico de doenças como depressão, transtorno bipolar, mal de Alzheimer, de Parkinson e de Huntington, acidente vascular cerebral, paralisia supranuclear progressiva e depressão pós-parto.

É importante destacar que a apatia pode surgir a qualquer momento da vida de uma pessoa, sendo resultado natural de acontecimentos tristes, traumáticos, inesperados ou desagradáveis, como o luto, um choque emocional, picos de estresse e crises de abstinência, entre outros casos.

A insatisfação com a própria vida pode levar uma pessoa a um longo período de ressignificação e tirar todo e qualquer prazer que costumava ter.

As causas da apatia estão quase sempre relacionadas a questões psicológicas, advindas da ausência de sentido na vida e de eventos desagradáveis.

> **A INSATISFAÇÃO COM A PRÓPRIA VIDA PODE LEVAR UMA PESSOA A UM LONGO PERÍODO DE RESSIGNIFICAÇÃO.**

É um sentimento contraditório, pois leva o indivíduo a perceber que algo fundamental está faltando em sua rotina, mas o desmotiva a buscar o que parece ainda não ter acontecido; isso gera aflição, ansiedade e, consequentemente, dor, sofrimento, angústia e um vazio que parece impossível de ser preenchido.

À medida que o desapego e o desencantamento vão se acentuando, há um esvaecimento das energias da pessoa que, com o tempo, vai se sentindo letárgica, paralisada e sem vontade de fazer nada. Ela se torna passiva, indiferente e, como não poderia deixar de ser, o resultado desse processo é... apatia.

Segundo o psicólogo clínico Leon Seltzer, em seu artigo para o site *Psychology Today*, "a apatia pode ter causas provenientes de fatores biológicos, físicos e psicológicos, porém, independentemente da causa, o que pode ser considerada perdida para os apáticos é a esperança fundamental de que a felicidade ainda seja possível".[4]

Para Leon, as pessoas que sofrem de apatia deixaram de acreditar na viabilidade das metas que um dia traçaram, perderam a fé na capacidade de realizar esses objetivos e preferem optar pela

---

[4] The curse of apathy: sources and solutions. *Psychology Today*, 27 abr. 2016. Disponível em: <http://www.psychologytoday.com/blog/evolution-the-self/201604/the-curse-apathy-sources-and-solutions>.

estagnação, a qual faz desaparecer a energia mental, física e emocional. Ele ressalta que os pensamentos negativos sobre si mesmo, o medo de agir simplesmente por temer a possibilidade de falhar (sem ao menos considerar uma tentativa), o sentimento de rejeição, de inferioridade ou de depreciação, um grande desapontamento, a desmoralização, o desgaste do dia a dia e a sensação irremediável de tédio são as principais causas da apatia.

É assim que desaparece o interesse pelos *hobbies* e pelas coisas que a pessoa adorava fazer, como praticar esportes, sair com amigos e se relacionar amorosamente; surge a frustração pelo trabalho, o pouco envolvimento emocional e a sensação de que a carreira que escolheu para seguir é, na verdade, um sacrifício diário.

Nesse ponto, resta apenas a vontade de ficar prostrado em frente à televisão por horas intermináveis, sentindo-se incapaz de aproveitar o tempo com qualquer outra atividade que seja realmente produtiva.

E qual o sentimento predominante? A indiferença diante de tudo e de todos, como se o mundo fosse entediante ao extremo.

Um fator que acaba se sobressaindo à apatia é o pessimismo em relação ao futuro e ao que pode acontecer. Quando perdemos a esperança, tendemos a adotar uma atitude autodestrutiva que pode ter início até mesmo na infância, ficando enraizada na mente do indivíduo para aflorar anos depois. A ausência de habilidades críticas leva uma pessoa a desacreditar sua capacidade, se ainda agregada à falta de desafios estimuladores.

APATIA NÃO É DEPRESSÃO

Muitas vezes um estado apático é confundido com a depressão, quando esta, na verdade, é uma doença que pode ser desencadeada pela apatia, e que tem sintomas semelhantes. Quando está apática, a pessoa perde o desejo por realizar suas coisas, perde a vontade de sentir novas emoções e causar uma boa impressão, não quer mais se comunicar ou conviver com entes queridos, perde a vontade de trabalhar, de se exercitar, de conversar ou de sair de casa. O entusiasmo de antes desaparece e o desânimo toma conta da sua vida.

E toda essa ausência de motivação pode facilmente levar a uma profunda depressão, colocando em risco a saúde do indivíduo. A apatia é frequentemente um sintoma de doenças neurológicas e psiquiátricas como a depressão, mas não deve ser confundida com elas. Um doente depressivo sente muita tristeza, falta de prazer, vontade de se isolar, perda de apetite e sono completamente desregulado, e na depressão não há indiferença emocional.

Ainda que uma pessoa esteja para baixo, ela pode sentir algum tipo de prazer, mas normalmente não tem forças para se erguer e direcionar suas atitudes.

Pessoas apáticas expressam desinteresse em vários aspectos da vida: não querem fazer novas amizades, não tentam se apaixonar, não enxergam vantagem em conviver em sociedade. Sua tendência é passar mais tempo se dedicando a simples atividades solitárias e isoladas.

FIGURA 5.1 O MOVIMENTO DA APATIA

No movimento da apatia, a pessoa sem a habilidade e sem o desafio enxerga o mundo a partir de um olhar de decepção. Um mundo que não era aquele esperado. A sequência de fatos que reforçam essa imagem traz um congelamento da visão. Como a pessoa passa a ter o olhar focado nessa decepção, sua mente e suas atitudes passam a reforçar e a atrair os mesmos padrões. O tempo sedimenta e deixa a perspectiva estagnada na decepção, e a falta de vontade começa a se tornar frequente até a instalação de uma apatia básica, que pode ou não ser oscilante.

OS EFEITOS DA APATIA NAS ORGANIZAÇÕES

A apatia dentro das empresas é também outro exemplo que merece destaque. Um estudo da Gallup Organization, que avaliou mais de 23 milhões de trabalhadores norte-americanos, constatou que a maioria deles se encontrava desengajada, o que afetava direta e negativamente a produtividade e a lucratividade das organizações. E o mesmo ocorre no Brasil em tempos de crise.

A dita apatia corporativa é decorrente da falta de engajamento e de motivação, que pode se dar pela falha de comunicação entre os departamentos, por um ambiente de trabalho desorganizado, por fluxos e processos inadequados, pela falta de solução para os problemas, pelo não acesso aos resultados e, principalmente, pela ausência de reconhecimento por parte de líderes e gestores, que influencia a estagnação dos salários, das perspectivas de futuro e da efetividade. Em muitas ocasiões, porém, o ponto mais crítico da apatia é o papel da liderança imediata. O líder imediato é quem mais exerce um papel de influência, seja ela positiva ou negativa, em um funcionário. Muitas pessoas se decepcionam com algumas empresas em razão da má liderança exercida por seu chefe.

Dentre os fatores que se destacam na construção da falta de vontade ou de entusiasmo nos funcionários, constatam-se os efeitos de uma liderança mal preparada:

- relações frias;
- falta de conversas francas, mesmo que difíceis;
- autoritarismo;
- pouco espaço para criar ou inovar;
- distanciamento em termos de metas e projetos;
- sensação de não fazer parte da equipe;
- ausência de reconhecimento.

A instabilidade é uma das grandes causas de apatia dentro das empresas, e é importante estar atento aos primeiros sinais de que algo está errado; dessa forma, a solução pode ser encontrada mais rapidamente. Manter os funcionários engajados e motivados é fundamental para o desenvolvimento de todos os envolvidos, do próprio trabalho e do clima organizacional, e combater a apatia é essencial para estabelecer um processo de engajamento coletivo, fortalecendo os negócios e a geração de valor compartilhado.

APATIA NA EDUCAÇÃO

A escola é outro lugar propenso à apatia. De acordo com o trabalho de Tagiane Maria da Rocha Luz, feito para a Universidade Estadual de Campinas,[5] as salas de aula abrigam inúmeros alunos apáticos, o que os leva a não usufruir o ambiente escolar de forma enriquecedora. A partir do relato de professoras de uma escola no interior de São Paulo, a pesquisadora identificou que alunos dispersos, esquecidos e displicentes estavam acometidos pela apatia, que tinha raízes em dificuldades que extrapolavam seu desenvolvimento cognitivo, abrangendo bastante o aspecto emocional. Para Tagiane, a compreensão das dinâmicas emocionais que se fazem presentes na apatia envolve a fragilidade na condição de integração do ego, e essa integração diz respeito ao estabelecimento do sentimento pessoal de unidade de cada aluno, permitindo que ele se torne independente.

Lygia Amaral, por sua vez, em seu artigo "A apatia e o retraimento dos escolares como problema de higiene mental"[6], afirma que é essencial que sejam feitas intervenções para ajudar os alunos que se apresentam apáticos, uma vez que esse estado pode conduzir a desajustes psíquicos profundos, como a psicose. Portanto, é de extrema importância que se descubram, junto a essas crianças, as condições que possam estar atreladas ao comporta-

---

5   *Apatia em sala de aula*: um estudo de caso a partir da teoria winnicottiana. Campinas: [s.n.], 2009. Dissertação de mestrado.
6   *Revista de Neurologia e Psiquiatria de São Paulo*, v. 7, n. 6, p. 299-302, 1941.

mento apático para que seja possível empreender mudanças em sua rotina escolar.

> **A APATIA SE DÁ PELA AUSÊNCIA DE UM FUTURO ENTUSIASMANTE E PELA LEMBRANÇA DE UM PASSADO FRUSTRANTE.**

TRANSCENDENDO A APATIA

Quando se está em uma fase apática, você precisa de soluções para sair de um estado ao qual não pertence. E tudo começa a partir de uma grande mudança de mentalidade em relação àquilo que se apresenta como sua perspectiva atual.

Não é fácil nem simples identificar as crenças que o atrapalham e que estão enraizadas em seu âmago. Para sair da apatia, é preciso muito questionamento, e ainda mais energia para tirar da vida o sentimento de inutilidade, de culpa e de vergonha.

Quando você negligencia as atividades que o fariam alcançar suas metas, quando se sente desmotivado, sem interesse em aprender novos conhecimentos e sem se preocupar consigo mesmo, esse é o momento ideal para acordar e sair da apatia.

SAIA DO PASSADO

Prender-se ao passado e cultivar lembranças improdutivas é uma das coisas que podem desencadear um estado apático. É fundamental que o olhar para trás seja apenas um exercício para aprender com os erros cometidos, e não um hábito para continuar sofrendo com eles. Processar os sentimentos que são resíduos do que passou é saudável desde que você consiga transformá-los em combustível contra a inércia e o desânimo. Identificar o que traz ansiedade, estresse e tristeza pode ajudar quem está apático porque esses condutores de amargura passam a ser evitados, fazendo com que os sentimentos ruins não voltem a se instalar.

Para que um especialista possa diagnosticar a apatia, é preciso investigar sintomas de acordo com a idade, como falta de motivação, saúde e cultura do paciente; seu comportamento, seus pensamentos e suas emoções, além dos respectivos efeitos de tais circunstâncias na qualidade de vida do indivíduo, com repercussão negativa tanto em suas relações pessoais quanto profissionais; e, acima de tudo, é preciso averiguar seu nível de consciência.

A apatia se dá pela ausência de um futuro entusiasmante e pela lembrança de um passado frustrante.

AS POSSÍVEIS SOLUÇÕES PARA A APATIA

Todo processo de mudança nasce de dentro para fora, mas a perspectiva externa pode ter uma grande influência em uma mudança interna. A saída de um estado de apatia parte do pressuposto de que haja uma alteração em sua perspectiva e de que é necessário ir além das mensagens negativas que foram construídas ao longo do tempo.

É PRECISO ABANDONAR O FOCO DO PROBLEMA E CAMINHAR EM DIREÇÃO À SOLUÇÃO. ISSO FORÇA A SAÍDA DO ESTADO DE INÉRCIA.

Uma boa forma de alterar esse estado é pensar na primeira atitude que você tomaria para se erguer do poço da apatia e, assim, partir para a ação; e para isso faz-se necessário um desafio estimulante. Encontrar o desafio é o primeiro passo.

> **TODO PROCESSO DE MUDANÇA NASCE DE DENTRO PARA FORA.**

A FORÇA DA AÇÃO

Toda ação gera movimento, e é o movimento que rompe a energia estagnada de imediato. Uma ação começa com objetivos claros. Busque um objetivo, mesmo que seja de curto prazo, para que você possa se movimentar.

Faça uma lista de tudo que não está funcionando a fim de selecionar o que pode fazer sua situação melhorar. Aceitar as circunstâncias em vez de lutar para mudá-las não é um grande começo. Compreender o que há em você é essencial, mas o verdadeiro trunfo é sua capacidade de retirar do caminho aquilo que o impede de seguir em frente e atuar imediatamente nos pontos mais críticos.

Se a rotina precisa ser mudada, tudo que for maçante e que pode ser eliminado passa a não fazer mais parte do seu dia a dia. Encontre maneiras fáceis de alterar sua rotina, como conhecer um novo colega de trabalho, experimentar outro restaurante na hora do almoço, praticar uma atividade física nesse intervalo ou até

> **PASSE A SE DESAFIAR TODOS OS DIAS.**

mesmo, se for o caso, considerar uma grande reviravolta, seja de emprego ou de rumo.

Passe a se desafiar todos os dias, assumindo novas atitudes e tomando novos caminhos, ou considere voltar a fazer coisas que, antes de estar apático, você adorava fazer. Retome o contato com antigos amigos, perdoe um familiar com quem teve uma briga ou faça uma viagem inspiradora. Tudo é válido para sair da letargia, para levantar a cabeça e enxergar o mundo de uma forma animadora.

PASSADO POSITIVO

O que costumava deixá-lo entusiasmado? O que te motivava a levantar da cama todos os dias, despertando seu interesse por tudo que a vida apresentava?

Encontramos várias chaves para sair da letargia a partir do nosso passado. Temos muitas histórias, e partes delas nos revelam estados emocionais de alegria, prazer e contentamento. Tudo que trazia felicidade deve ser reavido, das coisas mais simples, como caminhar a pé para o trabalho em vez de ir de carro, até retomar as aulas de música. Tudo isso fará uma grande diferença para que você saia do estado apático.

COMECE COM PEQUENAS MUDANÇAS

Pequenas mudanças são mais fáceis de se fazer do que as grandes mudanças, e é possível evoluir a partir delas. Não as subestime!

Quando vivemos em um ambiente por um longo período, temos a tendência de nos tornar seu reflexo. O estado de apatia também pode ser modificado com uma simples mudança de ambiente, de lugar, de contexto e de companhias.

Talvez seja o momento de cogitar uma ínfima mudança de planos, de objetivos e de sonhos, traçando novas metas a serem conquistadas, ainda considerando seus valores e seus talentos. Não importa quantas opções você tenha: lembre-se de que a cada novo dia, novas ideias podem surgir e motivá-lo a olhar sob outra ótica e a descobrir outras possibilidades. Abra-se ao novo, permita-se experimentar coisas completamente diferentes e você verá que seu campo mental será de alguma forma movimentado.

PARA UM PILOTO DE AVIÃO, O DESVIO DE UM ÚNICO GRAU PODE MUDAR SEU DESTINO DE SÃO PAULO PARA LONDRES OU PARA A ÁFRICA!

DOMÍNIO DA MENTE

Para quebrar o círculo da apatia é necessário identificar os pensamentos negativos e sabotadores para que você possa construir novos pensamentos de forma saudável. É preciso se concentrar na recuperação de sua energia e aprender a prevenir a paralisia física e emocional geradas pela apatia. Tente reforçar sua convicção de que está no controle de sua vida, de que pode melhorar e de que vai realmente sair dessa condição de desinteresse.

Mudar os pensamentos é a chave para a melhora emocional, e seu modo de pensar transformará o que você está sentindo em algo positivo.

Um ótimo exercício é monitorar seus pensamentos para que você mesmo seja capaz de conter uma ideia negativa e substituí-la por uma positiva, enxergando as possibilidades e os erros como aprendizados, sem se esquecer de considerar que sempre existe a chance de tentar de novo. Sinta-se realizado ao executar tarefas simples do cotidiano, com isso você avança um pequeno passo de cada vez na luta contra a apatia intensa.

A FORÇA DOS QUE GOSTAM DE NÓS

Escute sua família e seus amigos: com certeza eles têm muito a contribuir com seu processo de encontrar soluções para a apatia. Se eles querem ajudar é porque perceberam algo errado com você – por exemplo, uma atitude defensiva, repelindo todos que desejam a sua felicidade. Faça um esforço para escutá-los, mesmo que não siga todos os conselhos, pois abrir-se outra vez para a socialização é sair do isolamento, é encontrar um equilíbrio ideal entre ficar sozinho e estar com pessoas que gostam de você.

> **PERMITA-SE SER AJUDADO SEM SE CONSIDERAR UMA VÍTIMA.**

RENOVE A AUTOESTIMA

A apatia está diretamente relacionada à capacidade de se desmerecer, achando que você é pior que os outros. É hora de parar de ser injusto consigo mesmo, buscando cada vez mais a construção de um eu melhor em vez de desmoronar diante das comparações.

Todo mundo merece ser feliz, reconhecido, bem-sucedido e realizado.

Se achar que vale a pena mudar o visual, não hesite! Vá em frente, corte ou tinja os cabelos, faça a barba, dê uma repaginada no seu estilo de vestir. Mude os horários de dormir e acordar, mesmo que em alguns minutos, afinal, um sono de qualidade ajuda o cérebro a trabalhar melhor durante o dia. Passe a exercitar o corpo, a mente e o espírito todos os dias, pensando e agindo a seu favor. (Caso sinta vontade de ficar o tempo todo largado no sofá, reverta o pensamento, considerando que você está, na verdade, perdendo um precioso tempo que poderia gastar em diversas outras atividades mais interessantes.)

Pode parecer estranho, mas a alimentação está relacionada com a apatia, e comidas nada saudáveis vão contribuir para que seja mais difícil sair desse círculo vicioso. Procure sempre fazer refeições nutritivas, evitando os congelados, os conservantes, o sal e o açúcar. Faça receitas variadas, experimentando misturar alimentos naturais e orgânicos, legumes, verduras e frutas. Você vai se sentir bem mais estimulado a abandonar o estado de apatia em prol de uma vida mais dinâmica e vigorosa, e perceberá o ânimo renovado.

ROTINA PODEROSA

Repense a sua rotina e planeje um dia que seja mais produtivo e prazeroso para você, deixando para trás todos os elementos que causam apatia, conectando-se com o que realmente importa. Temos a tendência de procrastinar nossas decisões, mas se você deseja mudar, empregue sua energia em cada tarefa e cumpra-a com competência e o mais rápido possível. Uma rotina focada em realização nos fortalece. Desenvolva novas habilidades.

Comece a escrever para se expressar melhor, anotando tudo de bom que aconteceu no seu dia, o que precisa mudar e o que você apenas deseja fazer melhor. Sair da inércia pode começar na ponta do lápis ou no teclado do seu computador. Quando esse momento de entusiasmo se manifestar, fará com que você se anime, reveja antigos objetivos e também queira buscar novas metas.

ACORDE MAIS CEDO, FAÇA UMA CAMINHADA E TOME UM BANHO REVIGORANTE ANTES DE IR PARA O TRABALHO. TRACE PLANOS E ORGANIZE SUA AGENDA. TENHA EM MENTE O QUE PRECISA FAZER E O IMPACTO DAS DECISÕES TOMADAS EM SUA REALIDADE.

ENCONTRE SIGNIFICADO

Liste as coisas às quais você dá valor, tudo aquilo que realmente tem importância em sua vida. Muitos não conseguem reconhecê-las com clareza, mas nós sabemos o valor de algo quando o perdemos. Então experimente eliminar coisas e pessoas de sua vida; em seguida, faça um exercício mental e perceba quais perdas realmente mexeram com você. Caso as identifique, é porque elas são valiosas.

SEJA HONESTO COM VOCÊ

Seja sempre honesto e aberto consigo mesmo, usando a introspecção para entrar em contato com seus processos internos, seus sentimentos e seus pensamentos. Quando você descobre os motivos de suas atitudes, passa a saber como não agir de forma negativa, parando de resistir às lutas pessoais interiores, encontrando respostas para questões que pareciam sem solução. Olhando para si, você conseguirá enxergar os outros, percebendo que não está sozinho, que não é o único que tem problemas, tampouco o primeiro a descobrir que a melhor saída é encarar os obstáculos de frente.

AJUDA DE UM ESPECIALISTA

Se você perceber que talvez precise da ajuda de um médico especialista para sair do estado apático, considere essa possibilidade normal e aceitável. Se você estiver em um estado depressivo, não há opção melhor do que fazer um tratamento correto e assertivo, passando pela busca, pela identificação e pelo entendimento de todos os motivos que levaram você a chegar a esse ponto.

Lembre-se de que tudo passa, e o que fica são nossos aprendizados.

EXERCÍCIOS PARA GERAR ENTUSIASMO

1. Procure se lembrar do passado e encontre o seu melhor momento. Com quem foi? Onde essa experiência aconteceu? Uma vez trazida essa ocasião à memória, tente recuperar cenas que produzam emoções positivas. Se for possível, visite esse local novamente e permita que as recordações positivas retornem. Sinta as memórias em seu corpo.
2. Concentre-se em pequenas coisas que o deixam feliz. Procure fazê-las com mais frequência. Expanda sua lista de prazeres. Aprenda novas habilidades.
3. Permita-se estar em companhia de pessoas entusiasmadas e com alto-astral. Deixe-se contagiar, mesmo que brevemente. Faça isso com mais frequência.
4. Encontre um desafio poderoso que o instigue.
5. Trace metas modestas e de curto prazo para que possa alcançá-las com mais rapidez.

CAPÍTULO 6

TRISTEZA

DA DECEPÇÃO AO CONTENTAMENTO

ERA O PRIMEIRO FIM DE SEMANA SEM MINHA MÃE. CADA MÓVEL, CADA CANTO DA CASA TRAZIA UMA RECORDAÇÃO, E EU ME VIA SEMPRE JUNTO DELA. O PASSADO ESTAVA EM MIM, MAIS PRESENTE QUE O FUTURO. UMA PROFUNDA DOR TOCAVA MEU CORAÇÃO...

TRISTEZA: UM ESTADO EMOCIONAL QUE NOS LEVA À INSATISFAÇÃO

Falta de alegria, desânimo e insatisfação com fatos da vida: essas são as principais características da tristeza, um mal que afeta uma parte da nossa humanidade.

Como condição natural do ser humano (afinal, estamos aqui experimentando a vida a todo momento), a tristeza se manifesta inúmeras vezes durante a trajetória de uma pessoa, podendo se revelar em diferentes graus de intensidade, que varia da tristeza passageira àquela mais profunda, que é sinal de problemas mais complexos, como a depressão.

Eu o convido a entender como a tristeza se instala, o que a causa e o que pode ser feito caso ela chegue até você.

O QUE É TRISTEZA?

Do latim *tristia*, a palavra tristeza representa a aflição, um estado duradouro que é caracterizado por um sentimento de falta de satisfação, de desvalorização da existência e de tudo que é real. Pode ser uma sensação momentânea, que passa em instantes ou em um dia, mas pode também ter raízes mais profundas, uma sensação que paralisa, que afeta as atividades diárias e que parece não ter fim.

Paul Ekman, psicólogo americano pioneiro no estudo das emoções e das expressões faciais, eleito uma das cem pessoas mais influentes do século 20 pela revista *Time*, utiliza em seu trabalho empírico seis critérios para analisar o desenvolvimento das características humanas e dos estados psicológicos ao longo do tempo. Além da tristeza, Ekman enumera a felicidade, a raiva, a surpresa, o medo e o nojo como emoções básicas, inerentes a qualquer ser humano.

Por sua vez, o filósofo Baruch de Espinosa, considerado um dos maiores racionalistas do século 17, define a tristeza justamente como o ato no qual nossa potência de agir é diminuída ou contrariada.

A tristeza pode se apresentar em diferentes graus de intensidade e pode ser desencadeada por diversos fatores, como uma decepção no trabalho, uma desilusão amorosa, a morte de um ente querido ou inúmeras outras situações que sejam encaradas de maneira negativa pelas pessoas e que as afetem psicologicamente.

DE CERTA FORMA, A TRISTEZA NASCE DE UMA DECEPÇÃO OU DE UM DESENCANTO, FRUTO DE ALGUMA EXPECTATIVA, SEJA ELA CONSCIENTE OU INCONSCIENTE.

No mundo em que vivemos, somos seguidamente condicionados a ambicionar coisas (bens, pessoas, posição social etc.); tal condicionamento traz expectativas que, quando não realizadas, podem gerar um sentimento de tristeza.

ANATOMIA DA TRISTEZA

Diferentemente da depressão – que, na verdade, é uma doença psicológica de caráter neuroquímico –, a tristeza profunda está relacionada a algum acontecimento específico (ou a uma série de eventos) que afeta intensamente o ser humano, deixando-o com o semblante infeliz e melancólico; mas esse sentimento pode ser passageiro. Já o indivíduo depressivo não precisa de qualquer motivo aparente para estar triste e deprimido, expressando um quadro emocional que pode se arrastar por anos.

Vamos falar um pouco da infância. Nesse período, a tristeza é uma experiência comum devido a perdas e expectativas frustradas. Muitas famílias não lidam bem com pessoas tristes ou que experimentam momentaneamente alguma tristeza.

O psiquiatra Robin Skynner fez alguns estudos profundos sobre a manifestação e o reconhecimento da tristeza em famílias. O grande problema é que alguns grupos não permitem que seus membros se sintam tristes. Ao reprimir a manifestação da tristeza desde a infância, muitas pessoas podem, ao longo da vida, desenvolver um grau de superficialidade e adquirir alguma mania.

Uma criança vive a tristeza como parte do seu processo normal de desenvolvimento; à medida que cresce e vai se "separando" cada vez mais da mãe, ela tem de lidar naturalmente com essa pequena perda, e isso a deixa triste. O problema ocorre quando a mãe quer proteger demais o filho e não permite que o sofrimento emirja, evitando que a criança aprenda a lidar com o sentimento de tristeza por si mesma. As pessoas precisam aprender a enfrentar as perdas para conseguir enxergar a tristeza como uma resposta normal no sistema emocional.

Nosso sistema social abomina o fato de alguém sentir tristeza. O pediatra americano T. Berry Brazelton argumenta que, quando pais e parentes estimulam muito a criança a superar uma tristeza, a ensinam a desvalorizar aquela emoção. No entanto, respeitar um momento de infelicidade ou uma perda é preservar o direito que a criança tem de experimentar algo que pode conduzi-la ao crescimento como ser humano. Quantos de nós já não se sentiram incomodados ao ver uma pessoa triste? Há aquela natural vontade de dizer: "Vamos dar a volta por cima, saia dessa!". Veja que isso depende também de como se é educado. Muitas famílias não se sentem bem com pessoas tristes e fazem de tudo para que esse sentimento vá embora.

A tristeza deve ser experimentada como uma verdadeira conquista emocional, não como algo a ser repelido por meio de uma hiperatividade inquieta.

Pode parecer contraditório afirmar que a tristeza faz bem, mas reconhecê-la ajuda a equilibrar a mente e o corpo. Entrar em baixo-astral e decepcionar-se com algo faz parte da vida, não há nada de errado com isso. O segredo está em saber reagir bem aos diversos momentos pelos quais passamos ao longo de nossa jornada. Muitos de nós temos momentos alegres que, passada a euforia, trazem dor e sofrimento.

Todos concordamos que a tristeza é uma sensação desagradável em nossa existência; mesmo sendo a inspiração para músicas e poemas, a tristeza é evitada a qualquer custo por nós. Entretanto, isso não significa que querer evitá-la vai fazer com que ela não se manifeste. É importante considerar que a alegria não existe sem a tristeza, e que o melhor caminho é aprender a conviver igualmente com ambas, descobrindo até mesmo o lado positivo de se estar triste. Veremos mais adiante o que fazer com esse sentimento.

A TRISTEZA SURGE SEM AVISO PRÉVIO, MAS TEM UMA CAUSA

A tristeza responde a estímulos internos que se manifestam em forma de lembranças e memórias não condizentes com nossas maiores aspirações e vontades. Essas memórias podem estar associadas a um fracasso, a uma perda, a uma transigência ou a uma desilusão.

Quando alguém está triste, seu organismo elabora esse sentimento para conseguir amadurecê-lo antes de manifestar o que de fato sente. Essa é uma resposta natural.

A tristeza nasce das perdas, das decepções e das frustrações, a partir da liberação de hormônios cerebrais, os chamados neurormônios, responsáveis, entre outras coisas, pela angústia, pela inquietação e pelo estado de melancolia. Há quem diga que seja imune à tristeza, mas é quase impossível receber boas notícias o tempo todo.

O que se pode fazer é modificar o significado dos instintos para cada ser humano, conseguindo assim que a intensidade do sentimento seja diminuída.

Todos os dias estamos sujeitos a uma onda que nos leva à alegria e à tristeza, e isso faz parte da nossa maneira de ser e de estar no mundo. No mundo atual, ser feliz é quase uma obrigação; cada comercial de televisão, cada música, cada família feliz de novela nos lembram de que não somos felizes constantemente.

> **TODOS OS DIAS ESTAMOS SUJEITOS A UMA ONDA QUE NOS LEVA À ALEGRIA E À TRISTEZA.**

É um grande erro acreditar que tudo será perfeito em todas as ocasiões, considerando que a vida de nenhuma pessoa é perfeita. Como diz a célebre frase do físico, filósofo e matemático francês Blaise Pascal, "A busca da felicidade é o motivo de todas as ações de todos os homens, inclusive dos que vão se enforcar".

O desejo de ser feliz está dentro das pessoas há muito tempo.

Na correria do cotidiano, no trabalho, dentro de casa e entre amigos somos cobrados a ser felizes em todos os âmbitos, e a consequência desse processo é uma enorme angústia que assola grande parte da população mundial.

Cria-se, assim, a pressão de que "devemos" ser felizes para ser valorizados. Essa é a base da perda da autoestima.

TODOS NÓS SOMOS AVALIADOS DESDE PEQUENOS. OU SEJA, RECEBEMOS NOTAS E COMPARAÇÕES POR TUDO QUE FAZEMOS.

VOCÊ TEM BOAS NOTAS, ENTÃO TEM VALOR. VOCÊ NÃO TEM BOAS NOTAS, ENTÃO NÃO TEM VALOR.

Desenvolver a autoestima é saber lidar com as perdas, que não são mais que o fruto das expectativas criadas por nós e para nós. Autoestima é a qualidade de ser capaz de reconhecer em você uma pessoa de valor ainda que seu desempenho deixe a desejar.

Um bebê faz tudo errado, não sabe se limpar e dá trabalho; independentemente disso, vemos valor nele. Você é capaz de fazer isso por si mesmo? Se for, você está desenvolvendo uma autoestima incondicional. Isso o ajudará a se arriscar, a errar, a ser imperfeito e ainda assim a não sofrer com as cobranças que são feitas desde a sua infância.

UMA LUZ NO FIM DO TÚNEL

O autor francês Pascal Bruckner escreveu que a felicidade é, por si só, efêmera, passageira e fugaz, e as pessoas que a têm como objetivo principal na vida sofrem muito mais, já que se distanciam das pequenas felicidades, dos momentos singelos e da simplicidade do dia a dia.

As pessoas sofrem porque não querem sofrer, ficam doentes por recearem adoecer e, do mesmo jeito, ficam tristes por terem medo da tristeza. Essa busca pela felicidade tem se tornado uma obsessão tão grande que acabou chamando a atenção de estudiosos que buscam entender mais sobre o comportamento humano, em especial a ideia de que se sentir infeliz não é bom, mesmo sendo algo natural e necessário a qualquer ser.

> **AS PESSOAS SOFREM PORQUE NÃO QUEREM SOFRER, FICAM DOENTES POR RECEAREM ADOECER E, DO MESMO JEITO, FICAM TRISTES POR TEREM MEDO DA TRISTEZA.**

Martin Seligman, psicólogo americano que recebeu o apelido de "Doutor Felicidade", acredita que perseguir só a felicidade é um ledo engano: em tempos nos quais esse ideal é supervalorizado, é muito mais importante viver bem do que ser feliz. A felicidade é apenas um dos aspectos que levam a uma vida melhor.

Seligman afirma que seus estudos foram motivados por seu desejo de descobrir o que as pessoas fazem por vontade própria, sem serem forçadas. Por isso, ele revela que, muitas vezes, tomamos decisões que fazem bem para a nossa vida, são positivas, mas geram menos felicidade do que outras que poderíamos ter tomado. Os seres humanos são muito complicados e não dependem apenas de um fator para viver bem, e sim de uma combinação de fatores.

PARA VIVER MELHOR, VOCÊ PRECISA REUNIR ESTES FATORES:

CONTEMPLAR EMOÇÕES POSITIVAS, ENGAJAMENTO, RELACIONAMENTOS POSITIVOS, PROPÓSITOS, REALIZAÇÃO.

A principal mudança a se fazer para ser feliz é deixar de entender a felicidade como o único objetivo importante para basear suas escolhas; afinal, por mais incrível que pareça, a vida é muito maior do que a felicidade.

As pessoas devem limitar o alcance da felicidade para entenderem que esse não é o único fator importante na vida. É preciso fazer coisas de que se gosta (nem sempre agradáveis, mas necessárias), construir relacionamentos bons e duradouros, encontrar um sentido na busca por tudo o que deseja conquistar.

Um fato crítico para o sucesso em lidar com o que chamamos de "vida" é a resiliência, ou seja, a capacidade de enfrentar problemas e desafios, essencial para que o ser humano possa encarar o que lhe causa tristeza. Pessoas com baixa resiliência são mais suscetíveis à raiva ou ao abatimento.

Um fator que impulsiona a resiliência, e que se revela um dos traços mais importantes da personalidade, é o otimismo. Todavia, isso não significa que quem enxerga a vida de forma otimista nunca vá se sentir triste, mas sim que, por ser um indivíduo mais esperançoso, saudável e resiliente, terá melhores condições de lidar com a tristeza e caminhar rumo aos seus objetivos.

Quando consideramos todos os fatores que nos cercam, sem focar apenas a felicidade, somos capazes de aumentar a duração e a intensidade das emoções positivas.

O LADO BOM DA TRISTEZA

A tristeza é um dos raros momentos que nos permite fazer uma reflexão mais aprofundada sobre tudo: ter uma chance de voltar os olhos a nós mesmos, de nos conhecermos melhor, de saber o que queremos e do que gostamos para que, enfim, possamos buscar o que nos dá satisfação e nos deixa felizes.

Quando estamos tristes, pensamos nos momentos ruins, mas devemos utilizar esse tempo para encontrar soluções. Isso coloca a tristeza em um patamar de mecanismo psíquico que nos dá condições de refletir sobre nós mesmos para, consequentemente, evitarmos a repetição de nossos erros e nos ajudar a sobreviver, identificando o que nos faz bem e o que nos causa dor.

A tristeza nos traz uma dose de realismo e um choque de realidade. Ela nos mostra algo sob um novo ponto de vista; faz-nos voltar para o nosso interior, permitindo que façamos uma análise e uma reflexão; leva-nos a pensar, apesar da dor, em aspectos antes impensados.

A tristeza tem começo, meio e fim, se for um sentimento saudável e natural. Se não acabar após algum tempo, é porque se transformou em depressão, uma síndrome que nunca aparece de forma isolada. Na maioria das vezes, as pessoas não são infelizes, apenas estão passando por uma fase de tristeza. Assim como tudo que é bom pode ficar ruim, com certeza o que é ruim também pode melhorar. Por isso, o que importa é identificar os ensinamentos que as situações tristes proporcionam para aprender com eles.

> **A TRISTEZA É UM DOS RAROS MOMENTOS QUE NOS PERMITE FAZER UMA REFLEXÃO MAIS APROFUNDADA SOBRE TUDO.**

    A tristeza é considerada um impulso criativo, pois os artistas e os escritores veem nos momentos melancólicos os mais apropriados para encontrar inspiração e produzir. Muitos sambas, valsas, tangos e chorinhos nasceram da tristeza, e se você parar para pensar em tudo o que escuta, a melancolia faz bem aos nossos ouvidos.

    O alemão Franz Schubert, conhecido por sua melancolia, também criou composições marcadas pela angústia, assim como o escritor Fernando Pessoa, que redigia seus textos e assumia as diversas personalidades literárias quando estava entristecido.

TOMEMOS LUDWIG VAN BEETHOVEN COMO EXEMPLO: ESSE MÚSICO GENIAL COMPUNHA SUAS MELODIAS, QUE SÃO UM GRANDE LEGADO MUSICAL PARA O MUNDO, EM MOMENTOS DE PROFUNDA TRISTEZA, UM SENTIMENTO ALIMENTADO POR SUA SURDEZ PRECOCE E POR SEUS AMORES IMPOSSÍVEIS.

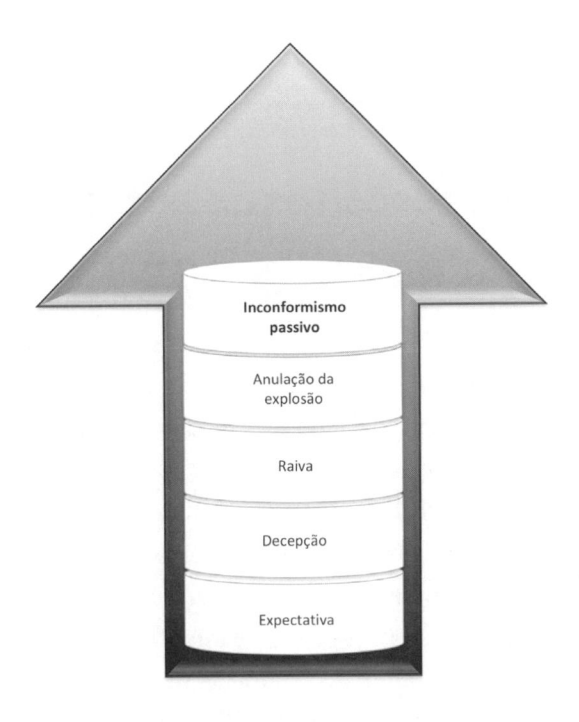

Figura 6.1 O mecanismo da tristeza

De forma geral, a tristeza começa com uma expectativa que, quando não atendida, desencadeia uma sensação de decepção. Esta, por sua vez, gera uma raiva que é imediatamente contida, sem explosão ou exposição. Por fim, há a tendência de uma sensação de impotência, que gera um inconformismo passivo.

OS PROPÓSITOS DA TRISTEZA

Lidar com a tristeza não é uma tarefa fácil, mas experimente não colocar esse sentimento de lado, e sim encará-lo de peito aberto para procurar o bem que ele pode trazer consigo. O estado melancólico que nos leva a relembrar e reviver momentos de perda, de decepção, de erros e de fracassos é também o estado que nos obriga a olhar para dentro de nós mesmos, fazendo que fiquemos mais fortes e abertos para enfrentar os sentimentos negativos de forma positiva, com discernimento e sabedoria.

Ao nos sentirmos tristes, ficamos sem forças, letárgicos e sem energia, acreditando que, nesse dado momento, nada é capaz de nos estimular. E assim a raiva, por exemplo, se mostra muito mais próxima do que a felicidade, e acaba por nos anestesiar. Porém, lidar com a tristeza é saber ler toda a informação que ela carrega, dando atenção para o que nela há de bom e que pode ser extraído.

O objetivo da tristeza é fazer você sentir, ou alertá-lo, que algo ruim aconteceu, que você perdeu algo ou que muita coisa o incomoda. E descobrir o que o aflige lhe permitirá sair do estado de tristeza, desde que sua atenção esteja voltada para o seu lado positivo, e não para o mal-estar. Se você percebe que essa é uma condição passageira e um sentimento benéfico da essência humana, passa a superar a tristeza de forma rápida e eficaz.

É possível que o indivíduo não perceba que a tristeza sempre envia uma mensagem sobre algo que está errado. Esse sentimento nos informa, por meio de uma sensação física e emocional, que outros problemas logo surgirão. Por isso, é fundamental para o seu crescimento transformar a tristeza em uma vantagem, posto que, se é normal ficar triste, não é saudável entregar-se à tristeza e não lutar, deixando que ela evolua para uma doença.

O impacto emocional de usar a tristeza a seu favor será útil para que você se torne uma pessoa melhor, que saiba encarar as situações ruins com determinação, tomando decisões mais acertadas e tentando corrigir os erros do passado.

> A MELHOR MANEIRA DE LIDAR COM A TRISTEZA É TRANSFORMÁ-LA EM UMA GRANDE VANTAGEM.

Sendo assim, você:
- deve se permitir ficar triste em vez de negar o sentimento;
- pode chorar, caso sinta vontade, e vai se surpreender com o alívio que virá a seguir;
- não deve negar a tristeza, e sim fazer uma introspecção; ficar sozinho e observar cada pensamento e sentimento para ajudar a si mesmo a sair desse estado.

Compreender a causa de uma tristeza não significa reviver os momentos ruins, e sim olhar para eles sob um novo ponto de vista, com o objetivo de compreender como os fatores envolvidos foram capazes de colocar você nessa situação atual para, enfim, aprender a superá-la. A tristeza pode resultar em importantes mudanças, sinalizadas exatamente pelos sentimentos ruins tão evitados por você, e por mais que as mudanças sejam complicadas, são essenciais ao seu crescimento como ser humano.

HÁ DUAS PERGUNTAS QUE PODEM AJUDÁ-LO A IMPOR UMA ORDEM AO SEU ESTADO DE TRISTEZA:

1. O QUE ESTÁ ME FAZENDO TRISTE?

2. QUAL ERA A MINHA EXPECTATIVA?

A tristeza é um estado desconfortável, que nasce de acontecimentos negativos, mas tende a ser passageira porque as pessoas conseguem, apesar de tudo, se alegrar com situações corriqueiras. Isso diminui gradativamente a melancolia e faz que o indivíduo volte à sua rotina normal. Estar triste não impede ninguém de viver outras emoções, e é por isso que você pode aprender muito com esse estado antes de recuperar a alegria. Continuamos a tocar nossa vida mesmo tristes.

A dificuldade de aceitar um "não" é um sintoma de que a pessoa está triste, pois ela está evitando se desmotivar. Dessa forma, sua autoestima encontra-se afetada em razão do medo da rejeição e da incapacidade de encarar os obstáculos, o que lhe causaria ainda mais angústia. A fragilidade também é um efeito da tristeza.

FAZENDO FRENTE AO ESTADO EMOCIONAL

Para lidar melhor com a tristeza você deve manter uma rotina mais equilibrada, com hábitos mais saudáveis e tudo que possa incentivá-lo a superar os problemas e as situações ruins do seu dia a dia. Praticar exercícios físicos, dormir bem e conhecer os próprios limites emocionais são atitudes que podem ajudá-lo a enfrentar a tristeza com mais tranquilidade, além de contribuir positivamente para a sua autoestima e para manter sua mente ocupada com o que realmente interessa.

Há três estados emocionais que formam a grande chave capaz de levá-lo a se relacionar de forma produtiva com a tristeza e transformá-la em algo positivo.

AUTOACEITAÇÃO

Ser capaz de aceitar tudo o que somos é sinal de maturidade com uma forte dose de realidade. Se quer se livrar de sofrimentos ligados à tristeza, aprenda a aceitar tudo o que você é e o que tem. Gosto de provocar as pessoas a responderem duas perguntas que levam a uma reflexão pessoal:

Você experimenta sensações que despreza? Tente reconhecê-las.

Há coisas que não aprova ou desconsidera em si mesmo, nos outros ou em sua vida? Aceite-as. (Entenda que aceitar não é tolerar ou ser passivo, mas assumir, dizendo "o.k., isso aconteceu ou está acontecendo". Muitas pessoas fingem que nada está acontecendo quando, na verdade, está.)

AUTOAPRECIAÇÃO

Ao nos colocar em nosso lugar com realismo e bondade, somos capazes de entender a integralidade da nossa existência. Temos também um lado bom, e reconhecê-lo pode nos ajudar a abrir o espaço necessário para transcender estados ou momentos de tristeza. Para isso, faço a você duas perguntas que abrem a percepção positiva sobre si mesmo:

1. Você se permite apreciar a vida e as coisas que estão à sua volta?
2. O que aprecia em você?

AUTOESTIMA

Tratamos um pouco da autoestima nas páginas anteriores. Agora, quero trazê-la a você sob duas perspectivas diferentes. A primeira é a autoestima condicional, ou seja, quando crio condições para gostar de mim mesmo. A segunda perspectiva é a autoestima incondicional, por meio da qual eu reconheço meu valor independentemente do que as pessoas falam ou do que acontece; não preciso provar nada para ninguém.

Deixo duas perguntas para você:

- Qual é o meu valor?
- O que exijo de mim mesmo para me dar valor?

> **OS MOMENTOS DE TRISTEZA PODEM NOS TORNAR MAIS SÁBIOS QUE OS PERÍODOS DE EUFORIA, SE SOUBERMOS ACEITAR QUE ELES TÊM UM LADO BOM.**

Os momentos de tristeza podem nos tornar mais sábios que os períodos de euforia, se soubermos aceitar que eles têm um lado bom. A tristeza é a ocasião ideal para colocar na balança o que significa felicidade para você, bem como tudo o que lhe traz sentimentos tristes. Toda crise de tristeza deve obrigá-lo a sair de sua zona de conforto, e isso faz toda a diferença para abrirmos novas possibilidades de caminhos, driblarmos a melancolia e seguirmos em frente, vendo a vida sob novos ângulos.

Reconhecer os próprios limites, como falamos há pouco, é saber até onde vai o seu controle emocional. A partir do momento em que tudo se descontrola, você perde o chão e é levado ao fundo do poço. Ao olhar para si mesmo, entendendo suas limitações, perceberá o tipo de problema em que precisa focar para chegar aos resultados que almeja. A melhor forma de tratar seus problemas é encará-los de frente e acreditar que todos eles têm seu lado positivo, por mais difícil que seja percebê-lo.

É bem verdade, conforme revela uma pesquisa da Universidade de Leuven, na Bélgica,[1] que a tristeza é um sentimento muito

---

1 VERDUYN, Philippe; LAVRIJSEN, Saskia. Which emotions last longest and why: the role of event importance and rumination. *Motivation and Emotion*, v. 39, n. 1, p 119–127, fev. 2015.

mais duradouro que a alegria, mas ela também tem um fim. Enquanto uma sensação de euforia pode permanecer por 35 horas no seu organismo, a tristeza é capaz de perturbá-lo por até cinco dias, diferente de outras sensações como a vergonha, o tédio, a inveja, o ódio e o desespero, que também vão abandoná-lo em menos tempo.

Mas o resultado dessa pesquisa chama a atenção para um aspecto: a mania de ficar remoendo os fatos ruins que aconteceram no passado e ainda nos afetam no presente. Isso ocorre porque você quer entender o motivo de tudo, deseja analisar e, na maioria das vezes, tenta reverter a situação.

Passe, então, a considerar que, por mais difícil que tenha sido essa situação, não há como voltar atrás, o único caminho é aprender com o que aconteceu e seguir em frente. A partir do momento que você percebe o lado positivo da tristeza, não vai apenas aprender com ela, mas também parará de evitá-la a qualquer custo.

A FORÇA DO EXPRESSAR

O choro é um recurso natural que nos faz superar a tristeza, e superar a tristeza significa não desprezar seus sentimentos nem permitir que alguém o faça; é procurar carinho e atenção com quem é especial para você, conectar-se com essas pessoas para que se sinta melhor; é escolher passar algum tempo sozinho com a sua tristeza para aceitar a profundidade de seus sentimentos a fim de se tornar uma pessoa mais centrada, feliz e realizada consigo mesma.

> **O CHORO É UM RECURSO NATURAL QUE NOS FAZ SUPERAR A TRISTEZA.**

Aprender a lidar com a sensação de tristeza e vazio, além de ajudá-lo a se centrar, fará você aceitar o auxílio de outras pessoas, até mesmo de um profissional. A terapia é uma forma muito valiosa de se enfrentar a tristeza, com benefícios que o levarão a uma evolução surpreendente. Pedir ajuda para identificar aquilo que o incomoda é abrir-se para a melhora e entender que mesmo os momentos ruins podem conduzir à felicidade.

Segundo o filósofo francês André Comte-Sponville, aceitar a tristeza não significa suprimir um desejo, mas transformá-lo; desejar um pouco menos daquilo que nos falta e um pouco mais daquilo que temos; desejar um pouco menos do que não depende de nós e um pouco mais daquilo que, de fato, depende.

A tristeza, caracterizada por um vazio interno, é o que alimenta a procura do indivíduo por sua própria verdade, mostrando-se uma experiência reveladora. Sofrer por algo do passado é semelhante a colocar nosso desejo de satisfação no futuro, o que nos desloca do presente e gera uma grande angústia. As perdas, as frustrações, as dificuldades e as carências são eventos normais da nossa vida; o que não é normal é se entregar a eles e manter-se na tristeza, é furtar-se a enfrentar o desânimo para sair fortalecido e mais confiante das situações que não lhe fazem bem.

**APRENDER A LIDAR
COM A TRISTEZA É:**

- TOMAR ATITUDES QUE O FARÃO CAMINHAR RUMO À FELICIDADE.

- REFLETIR SOBRE SUAS ESCOLHAS E DECISÕES.

- NÃO SE DEIXAR DOMINAR PELA FALTA DE ÂNIMO.

- ABRAÇAR O MOMENTO PRESENTE PARA DESENVOLVER SEU AUTOCONHECIMENTO.

- SUPERAR OBSTÁCULOS E NÃO REPRIMIR EMOÇÕES.

- NÃO BRIGAR CONSIGO MESMO E NÃO SE PROIBIR DE SENTIR TRISTEZA.

Enquanto se mantiver lutando contra a tristeza, você vai se sentir cada vez mais triste, não pelo que causou esse sentimento, mas por não querer aceitar que ainda está passando por isso.

Para acabar com a tristeza é fundamental que o primeiro passo seja investir no amor a si mesmo antes de amar qualquer outra coisa; afinal, quem se ama de verdade e se cuida tem muito mais chances de cultivar a alegria, passando pelos momentos de tristeza com muita sabedoria, força de vontade e, ainda mais, com a certeza de que eles são benéficos, positivos e passageiros.

A FORÇA DO CONTENTAMENTO

Estar contente é diferente de estar eufórico. Contentamento é um estado modificado por coisas reais e simples; euforia é um estado aumentado da realidade que pode não ser sustentável.

Quando falamos em contentamento fazemos referência a estar satisfeitos e contentes. No entanto, transcender a tristeza é ser capaz de olhar para o ponto central do problema com um movimento interno de consciência e clareza, de enxergar as coisas como realmente "são".

Perceber o que é e o que foi dá bases para a construção do entendimento. Compreender as coisas gera o que chamo de "contentar-se com tudo o que ocorreu até então". Pode parecer estranha a expressão "contentar-se", mas ela não significa tornar-se passivo diante de algo que demanda uma ação, e sim contentar-se com o "entendimento da situação". Estou contente porque agora entendi tudo!

1ª FASE DO CONTENTAMENTO

CONTENTAR-SE EM ENTENDER QUE TUDO O QUE OCORREU OU QUE ESTÁ OCORRENDO ERA PARA SER ASSIM. ISSO LIBERTA.

2ª FASE DO CONTENTAMENTO

ENTRAR EM AÇÃO PARA MUDAR, DALI PARA A FRENTE, QUALQUER COISA QUE POSSA SER TRANSFORMADA E GERE UM NÍVEL DE SATISFAÇÃO QUE TRANSMUTE A TRISTEZA.

Certa vez, um nadador profissional perdeu a competição que era seu grande objetivo. Ele havia treinado duro, mas não foi suficiente; outro competidor conseguiu o primeiro lugar por uma fração de segundos. Isso colocou o nadador no fundo do poço. Triste e contendo sua raiva, ele deixou de comparecer a alguns treinos e ficou em profunda reflexão, revisitando tudo que havia ocorrido. Algumas pessoas insistiram para que ele voltasse aos treinos e esquecesse o ocorrido, mas ele não quis ouvi-las, pois precisava mergulhar na própria dor. Assistindo dezenas de vezes ao videoteipe da competição, e com muita raiva passiva, ele notou que suas viradas e batidas de pernas não estavam perfeitas. Quando percebeu o que havia ocorrido, de súbito foi tomado por um estado de contentamento e decidiu imediatamente voltar aos treinos. Durante semanas ele focou os dois pontos negativos com entusiasmo. A primeira competição de que participou logo em seguida comprovou sua percepção: alcançara o primeiro lugar, superando os adversários exatamente nos fundamentos em que antes falhara.

Nota-se que o atleta teve os dois momentos de contentamento: o primeiro, quando em virtude da tristeza entrou na investigação do que havia ocorrido; depois, quando traçou o objetivo de superar tudo para buscar um novo contentamento.

A busca pelo contentamento faz a tristeza ser movimentada positivamente.

EXERCÍCIOS PARA DESPERTAR O CONTENTAMENTO

1. Se você sente tristeza, vá para um lugar seguro e permita-se chorar ou exprimir tudo que está sentindo, sem se sentir obrigado a se explicar com ninguém. O objetivo é esgotar ou esvaziar tudo o que sente.
2. Experimente refletir sobre a causa de sua tristeza. Procure encontrar uma razão maior que traga consigo um profundo ensinamento para você.
3. Experimente escrever tudo o que está sentindo e como enxerga determinada situação. Depois de um determinado período, releia o que escreveu.
4. Faça uma lista de todas as realizações de sua vida e veja tudo o que já alcançou. Trace novas metas e planos.
5. Ensaie uma conversa franca, aberta e respeitosa com a pessoa com quem está chateado. Movimente o que está guardado dentro de você.

— CAPÍTULO 7 —

MEDO

DA PARALISIA À CORAGEM

EU NÃO CONSEGUIA SAIR
DE CASA. E SE ALGUÉM ME
ATACASSE? E SE EU FOSSE
MACHUCADO? QUEM PODIA
GARANTIR QUE NÃO HAVERIA
OUTRA PESSOA QUERENDO ME PREJUDICAR?

MEDO: SENSAÇÃO DE ALERTA EXTREMO PARA ANUNCIAR QUE ALGO PODE DAR ERRADO

Um eventual perigo se apresenta e diante dele tudo se transforma: suas reações, suas emoções e suas sensações físicas. Isso é chamado de medo.

O medo é um estado emocional que surge em resposta à consciência humana quando estamos diante de uma situação de risco ou perigo iminentes; basta imaginar que algo ou alguém pode ameaçar a sua segurança ou a sua vida para que você ative partes do seu cérebro que, involuntariamente, liberam uma série de compostos químicos para provocar, logo em seguida, reações que caracterizam o sentimento de medo.

O que realmente significa medo e como ele pode afetar negativamente a vida de uma pessoa? Vamos entender o que esse estado representa para aprendermos a lidar melhor com ele, fazendo-o trabalhar a nosso favor.

QUE MEDO É ESSE?

Advinda do termo em latim *metus*, a palavra "medo" se refere a uma perturbação angustiosa perante um risco ou uma ameaça, que pode ser real ou imaginária. É o receio e a apreensão que um indivíduo sente de que algo venha a acontecer em contrário àquilo que seria o correto para ele. Caracterizado por um sentimento intenso e desagradável, o medo é uma emoção que se distingue pela percepção de um perigo, mesmo que este ainda não esteja presente.

Desde os primórdios da humanidade o medo se manifesta nos seres humanos e nos animais, e podemos dizer que essa sensação angustiante aumenta todos os dias, à medida que a sociedade evolui e novas formas de medo são descobertas por nós.

No Egito Antigo, por exemplo, os poderosos faraós utilizavam o medo como estratégia para construir um império cada vez mais forte, assim como faziam diversas outras civilizações. Também no cristianismo, cujos valores estão enraizados na cultura ocidental, encontramos o medo de pecar, de ser castigado, de ter culpa.

Essa é uma emoção primária que resulta da aversão a algo e que, sob a visão da biologia, é considerada um esquema adaptativo, um processo que se converte em mecanismo de sobrevivência e defesa que permite ao indivíduo produzir respostas rápidas e eficazes diante de situações adversas.

Na perspectiva da neurologia, o medo é uma forma comum de organização do cérebro primário dos seres vivos, ativando as amígdalas alojadas no lóbulo temporal. Para os psicólogos, esse é um estado afetivo e emocional, necessário para que o organismo humano possa se adaptar ao meio onde vive e reagir em face do que é inesperado e, muitas vezes, assustador.

Por fim, quando analisamos o medo sob o ponto de vista sociocultural, ele passa a fazer parte do caráter de uma pessoa ou de uma organização, e o que deve ser aprendido é como superá-lo para não sucumbir a ele. Temos, ainda, a visão do medo sob a ótica da arte e do entretenimento, que é a chave de um importante gênero narrativo apresentado nos contos e nos romances de horror, além de um lucrativo segmento da indústria cinematográfica, que o explora em inúmeros filmes de suspense e de terror.

> **VENCER O MEDO É ACEITAR A INCERTEZA.**

Você pode perceber que o medo está se instalando quando seus batimentos cardíacos aumentam, a respiração se torna acelerada e seus músculos começam a se contrair. Nesses momentos, e de forma natural e inconsciente, o ser humano é conduzido a preparar seu corpo para duas prováveis reações: confrontar o que o amedronta ou fugir da situação. Portanto, a diferença está exatamente na forma como você vai lidar com o medo. Tudo é uma questão de controle de si mesmo e de suas emoções, mas também envolve a capacidade de deixar que o estímulo o faça agir da melhor forma, em questão de segundos.

A sobrevivência das espécies está diretamente ligada ao medo, que provoca ansiedade e insegurança, seja por um acontecimento real ou pela mera possibilidade de se vivenciar uma situação desagradável. Porém, isso não impede que o medo seja causado por razões sem fundamento ou ilógicas, baseando-se em crenças populares e lendas.

O medo tem início no instante em que saímos do ventre de nossa mãe, e a partir daí será quase impossível fugir dele no decorrer da vida. Assim como o medo é capaz de dominar povos inteiros, nenhum ser humano está livre de passar por situações amedrontadoras.

> **O MEDO TEM INÍCIO NO INSTANTE EM QUE SAÍMOS DO VENTRE DE NOSSA MÃE.**

Quando criança, você é induzido a não fazer certas coisas, como conversar com estranhos, subir na janela, pular da cama ou puxar alguma panela do fogão, pois todas essas atitudes podem desencadear momentos ruins. Ao entrar na adolescência, você tem medo de não ter um bom desempenho na prova, de ser rejeitado pelos colegas, de se apaixonar. E na fase adulta os medos podem piorar (e muito), temendo-se perder o emprego e não ter como sustentar a família, falir seu primeiro negócio, separar-se, ficar sozinho na velhice.

Podemos dizer, então, que o medo é inevitável, e o que fará a diferença é como você o encara.

A ORIGEM DO MEDO

De onde vem o medo? O medo surge de sua mente, sendo difícil distinguir se ele ocorre por instinto, por uma interpretação da mente ou de experiências relacionadas ao seu passado.

O medo e o desejo andam juntos. Onde tem medo, tem desejo. Por exemplo: "Tenho medo de que meu namoro acabe, então meu desejo é que ele perdure!".

O grande desafio ocorre quando, apesar do medo, o ser humano quer ter o controle da situação para se preservar ou se proteger de algo.

O sistema social leva as pessoas a sentirem medo e criar mecanismos de defesa para se proteger de supostas ameaças. A cada programa de televisão, filme ou postagem na internet que contenham elementos de violência ou insegurança, a fragilidade emocional e a ansiedade são alimentadas no âmago de cada um de nós.

Vivemos a cultura do medo, estimulada de certa forma pelo consumismo sem consciência, pela escassez, pela manutenção do *status* e da imagem pessoal. Esse sistema leva o ser humano a fazer parte de um cotidiano egoísta e alienante, no qual, em diversos casos, ter é mais relevante do que ser.

Na sociedade em que vivemos hoje, se levarmos em consideração todas as notícias que lemos na mídia impressa e na internet e tudo o que a televisão transmite, teremos tanto medo de sair de casa quanto de ficar dentro dela.

O medo instala na alma a insegurança, o pânico, a desconfiança de tudo e de todos. Vive-se à espera de um infortúnio, de um assalto, de uma traição, de uma perda, entre outros eventos terríveis que a mente cria conforme os *inputs* são recebidos ao longo de um período.

Segundo Michel Foucault, o medo age de acordo com os mesmos princípios em hospitais, escolas e hospícios, que tentam docilizar o ser humano com o intento de ensiná-lo a se adequar à sociedade.

Tudo que é novo pode despertar medo em algumas pessoas. Se você tem a chance de fazer uma coisa nova, o temor pode impedi-lo de tentar, seja em razão do receio de fracassar, de se arriscar demais ou de sofrer eventuais consequências. E como podemos lidar com tudo o que nos assusta e nos paralisa?

O MEDO COMO SISTEMA DE CONTROLE E GERAÇÃO DE RESULTADO ORGANIZACIONAL

Nas organizações de estrutura hierarquizada, o sistema de gestão, quando condicionado pelo passado, fortalece a noção de que a pressão gerada deve transformar os líderes em verdadeiros fomentadores de medo para alcançar suas metas. Como os funcionários precisam de seus empregos, a estrutura psicológica de subordinação produz um ambiente de submissão à força dos que exercem cargos superiores.

Muitos gestores auferem bons resultados apoiados em um estilo coercitivo e promotor de medo. A sensação de instabilidade, de punição e de perda gera, inevitavelmente, um ambiente de medo, em que o funcionário precisa trabalhar para não perder o emprego ou para não criar problemas para si mesmo.

Nesse tipo de ambiente é normal as pessoas não falarem sobre isso, de modo que os líderes não percebem seu estilo e a empresa não se importa em como as metas são atingidas, desde que os resultados sejam satisfatórios.

Essa miopia só é percebida quando começam a ocorrer disfunções no quadro de funcionários e em todo o sistema, como perda de talentos, adoecimentos, absenteísmo, perda de produtividade e prejuízos.

Gerar medo é o recurso mais empregado por alguns gestores e reforça a sensação de poder. Sem dúvida esse comportamento reflete imaturidade e acaba acarretando problemas em algum momento no futuro.

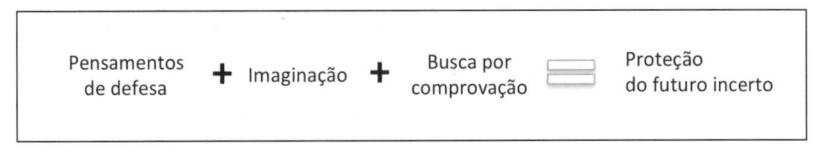

| Pensamentos de defesa | + | Imaginação | + | Busca por comprovação | = | Proteção do futuro incerto |

FIGURA 7.1 A FÓRMULA DO MEDO

O medo se institui com base em um conjunto de processos que envolve a imaginação, que cria cenários, situações e contextos de ameaça que ativam os sistemas de defesa. Estes, por sua vez, tentam se certificar de que o medo de fato existe, chegando a construir uma barreira de completa proteção contra qualquer possibilidade vindoura de intimidação.

CONVIVER COM O MEDO E COMO TRANSFORMÁ-LO EM ALGO POSITIVO

Devemos lembrar que o medo é considerado uma doença psicológica e não está ligado somente aos perigos imediatos, concretos ou verdadeiros. Como já foi dito anteriormente, ele pode surgir de um simples pensamento e pode se manifestar como agitação, ansiedade, nervosismo, preocupação, tensão, fobia ou pavor. A simples consideração sobre o futuro pode iniciar uma sensação angustiante. De acordo com Eckhart Tolle[1], considerado um dos mais originais e inspiradores professores espirituais do mundo e autor de importantes livros:

> Você está aqui e agora, ao passo que a sua mente está no futuro. Essa situação cria um espaço de angústia. E caso estejamos identificados com as nossas mentes e tivermos perdido o contato com o poder e a simplicidade do Agora, essa angústia será a nossa companhia constante.

Com base nesse fato, uma das formas de lidar com o medo é encarar determinada situação apenas no momento em que ela se apresenta, não quando é mera projeção mental; afinal, o que nos leva ao amedrontamento é ter de enfrentar o futuro. E, além disso, se nos deixamos guiar apenas por aquilo que a mente determina,

---

1 TOLLE, E. *O poder do agora*. Rio de Janeiro: Sextante, 2017.

que pode ser positivo ou negativo, estaremos mais propícios a deixar o ego reger nossa vida, com sua natureza ilusória, sua vulnerabilidade e sua insegurança.

É importante constatar que as emoções são reações do nosso corpo ao que vem da mente. Ela cria

> **AS EMOÇÕES SÃO REAÇÕES DO NOSSO CORPO AO QUE VEM DA MENTE.**

e informa, ameaça e bloqueia. Qual é o resultado disso? A instauração do medo, que pode ter diversas origens e causar uma série de efeitos, como falhas, perdas e até levar à morte.

Para ilustrar esse fenômeno, vamos analisar uma situação trivial: por vezes, sentimos a necessidade de argumentar sobre determinado assunto e convencer as pessoas de que estamos certos. Caso entremos em pânico por perceber que nossa ideia é errônea e surja o medo de admitir para os outros que cometemos um engano, nosso eu interior corre um sério risco. Para o ego, errar é morrer, e isso já destruiu muitos relacionamentos e provocou inúmeras guerras.

Como lidar com esse problema? Para abrir mão da necessidade profunda e inconsciente de ter razão, você pode expressar, de forma tranquila e firme, como se sente e o que pensa sobre algum tema, sem adotar uma postura defensiva nem ser agressivo. Assim, o real sentido de seu interior passa a se originar de um lugar verdadeiro em si, não na mente ou no ego. Ao não mais se retrair o tempo todo, você deixa de se identificar com um padrão ilusório criado em sua cabeça. Dessa forma, à luz da consciência, será possível enxergar os reais sentimentos que não vão prejudicá-lo nem causarão dano aos outros.

TUDO ACONTECE AGORA

Quanto mais você respeita e aceita o que está vivendo agora, sem temer o futuro, mais você se liberta da dor, do sofrimento e do poder do ego.

Você tem o presente à sua disposição, e ficar pensando no que está por acontecer só trará sofrimento para si e para todos ao seu redor. Eckhart Tolle afirma que uma das atitudes mais eficazes para lidar com o medo é sempre dizer "sim" para o momento atual; isso fará toda a diferença em sua vida e na forma como se relaciona com esse sentimento.

> **O PRESENTE É O QUE VOCÊ TEM.**

DESNUDANDO O MEDO

Para saber como lidar com o medo, é preciso conhecer seus diversos tipos, e é sobre eles que vamos falar agora.

Ao entrar em contato com um estímulo físico ou mental, o cérebro humano gera um alerta no organismo, e esse mecanismo dispara uma resposta fisiológica para liberar hormônios do estresse – adrenalina e cortisol –, preparando o indivíduo para reagir ou fugir.

Para descobrir como tratar o medo quando ele se transforma em uma doença e compromete as relações sociais, causando sofrimento psicológico, os especialistas usam uma técnica chamada dessensibilização sistemática. Nela, o paciente deve ser submetido a diversos eventos distribuídos em uma escala de medo (criada em 2009 pelo psicólogo português Armindo Freitas Magalhães), começando por uma leve ansiedade e até chegar ao pavor. Assim, o paciente é encorajado a enfrentar progressivamente esses níveis de temor, passando por um processo de reestruturação cognitiva para que ocorra uma reaprendizagem da reação que, anteriormente, gerava uma resposta de alerta em seu organismo, levando-o a ter uma atitude mais equilibrada e, muitas vezes, eliminando o medo.

Certo empresário tinha um terrível medo de entrar na água e queria superá-lo. Um terapeuta muito sensível começou a ajudá-lo com uma prática bem simples: levou-o até a beira de uma piscina funda, fez que o empresário se sentasse em uma cadeira e deu-lhe uma bacia de água para que pudesse molhar as pernas e o rosto. Depois de um tempo, pediu que ele mergulhasse a cabeça dentro da bacia e ficasse quanto tempo pudesse. No início, o empresário hesitou e não foi capaz de manter a cabeça submersa por muito tempo, mas foi se acostumando. Depois de algumas sessões, o empresário foi entrando na piscina, primeiro na parte rasa e dando mergulhos curtos. A cada etapa era forçado a reconhecer o medo e enfrentá-lo. Após um mês, ele havia sido curado do medo e se matriculara em um curso de mergulho. No ano seguinte, ele estava mergulhando em águas profundas no Rio de Janeiro.

Além das fobias, o medo é a característica principal de outras doenças, como síndrome do pânico, transtorno de estresse pós-traumático, anorexia e bulimia. Os medos excessivos e desproporcionais diante dos perigos são os que merecem mais atenção, e muitas fobias e doenças se encaixam nesse quadro. As fobias podem surgir de diferentes maneiras, como por ouvir histórias perturbadoras sobre determinada situação, pela associação de certas sensações a momentos ruins do passado ou por experiências traumáticas, como incidentes com aviões ou com animais peçonhentos.

Podemos analisar outro caso, como a fobia social, que é marcada pela sensação difusa de angústia e apreensão diante de outras pessoas ou em determinados momentos, como falar em público ou flertar com alguém. Essa sensação de pânico vem acompanhada de palpitações, sudorese, tremor, aperto no estômago e até de uma nítida impressão de que o coração pode explodir caso a situação se prolongue. Muitas pessoas, por medo de sentir esse horror ou por aversão a algo, preferem se isolar do convívio social e podem desenvolver a síndrome do pânico.

DIRIJA-SE AO MEDO

Quando vamos de encontro ao medo, mergulhamos nele e nos permitimos senti-lo em todo o nosso corpo. Depois que isso acontece, apenas nos resta a percepção de que ele não é nada.

Expor-se ao medo a fim de provocar o estresse para então sentir o relaxamento muscular é uma prática que libera as endorfinas que neutralizam o excesso de noradrenalina, uma substância presente nos momentos de fobia. Esse pode ser um bom exercício

> **QUANDO VAMOS AO ENCONTRO DO MEDO, MERGULHAMOS NELE.**

a se fazer sozinho ou com o acompanhamento de um profissional, assim como realizar algumas técnicas específicas de respiração para combater a ansiedade.

Chögyam Trungpa, um dos mestres do budismo tibetano, afirmava que o medo pode assumir muitas formas, sendo a mais incisiva e paralisante o medo da morte, visto que os seres humanos sabem que não viverão para sempre. Diante de todas as exigências da vida cotidiana, é comum temer a possibilidade de não sermos capazes de fazer frente a essas demandas, enchendo-nos de medo em razão da inadequação e da não aceitação do meio em que vivemos. Para Trungpa, a carga da nossa existência é muito pesada, e ao nos confrontarmos com o mundo ela parece ainda mais difícil de ser carregada. Por isso sentimos o medo do inesperado e o pânico por tudo o que acontece de repente em nossa vida.

Portanto, quando nos dirigimos ao medo neutralizamos todo padrão reativo e descortinamos um novo olhar sobre a situação.

ÀS VEZES, O MEDO PODE AJUDAR

Ao mesmo tempo que o medo é perturbador, ele também é um importante meio de autopreservação quando você se defronta com perigos reais, ainda que a sociedade contemporânea seja regida pela ansiedade e por muitos medos crônicos, já enraizados. Isso torna os nossos temores, às vezes, difíceis de serem vencidos; mas não impossível.

Superar o medo é ir além; é enxergar nele o real motivo que lhe causa temor para, enfim, enfrentá-lo da melhor maneira; é examinar a sua ansiedade, o seu nervosismo, a sua preocupação e a sua inquietação a fim de perceber que, em muitos momentos, o que o aflige é ilusório. Quando passamos a enxergar o outro e a nós mesmos com mais compaixão, bondade e amor, fica mais fácil entender a essência de cada um, e sem máscaras, disfarces e desculpas, todos os sentimentos de dúvida, de insegurança e de medo vão se dispersar.

O professor de psicologia David Myers afirma que a ideia original de medo, que dominava nossos ancestrais, está longe de se enquadrar no universo mental contemporâneo, e que, de acordo com pesquisas, as pessoas estão hoje intuitivamente mais propensas a temer as coisas "erradas", que não são dignas de medo por serem demandas e situações imediatistas. (Na verdade, deveríamos ter pavor de hábitos que parecem normais, como fumar e beber, mas que no longo prazo têm efeitos terríveis e irremediáveis.) Ele também cita o contraditório medo de avião, equipamento que nós não podemos controlar, comparando-o à confiança com que dirigimos nossos carros, veículos que, mesmo estando sob nosso controle imediato, deixam-nos mais expostos a acidentes e, portanto, menos seguros.

Especialistas afirmam que emoções radicais podem curar os medos, pois as atividades que envolvem riscos físicos levam as pessoas a assumir o controle de situações difíceis, permitindo-lhes ter, naquele momento específico, o próprio "destino" nas mãos. Ao deparar com um obstáculo e ao perceber a chance de superá-lo, o indivíduo aprende mais sobre si mesmo, aumentando a autoconfiança e descobrindo novas ferramentas para enfrentar as outras (e maiores) adversidades que encontrará na vida.

Em situações de perigo o instinto humano assume o controle de tudo; pelo menos por alguns instantes, tudo o que existe é o presente, e isso faz que os demais problemas percam a relevância e a consciência se funda com o senso real de ação. Quando você percebe isso, deixa ser uma vítima das emoções e passa a repeli-las. Contudo, nessas atividades consideradas "aventuras" você precisa estar ciente do que está prestes fazer e dos riscos que corre para não sofrer acidentes ou morrer.

COMO LIBERAR OS SEUS MEDOS

É comum, nos dias atuais, encontrarmos jovens que sentem dez vezes mais medo do que seus pais sentiam quando tinham a mesma idade. Muitos desses jovens sentem medo desde o momento em que acordam até a hora em que vão dormir.

Atualmente sentimos medo porque nossos antepassados eram medrosos e viviam fugindo, ainda que tenhamos evoluído desde então e o nosso cérebro tenha triplicado de tamanho ao longo dessa evolução da humanidade. A massa cinzenta ganhou maior complexidade e o medo acabou por se expandir tanto que quase nos explode a cabeça: essa é a nossa realidade e a nossa resposta à loucura cotidiana na qual estamos inseridos.

> **A MÍDIA NOS INCITA A SENTIR MEDO, COMO SE ESTIVÉSSEMOS EM PERIGO CONSTANTE.**

SENTE-SE MEDO DE

- NÃO SER QUERIDO
- SOFRER UM ACIDENTE DE CARRO
- NÃO SER BEM-SUCEDIDO
- NÃO ENCONTRAR UMA PESSOA LEGAL PARA SE RELACIONAR
- FICAR CARECA
- ENGRAVIDAR
- ENGORDAR
- NÃO SER FELIZ
- PERDER COISAS IMPORTANTES
- NÃO FICAR RICO

A mídia nos incita a sentir medo, como se estivéssemos em perigo constante; a moda nos transmite o temor de não pertencermos a um determinado grupo; a academia de ginástica ganha rios de dinheiro porque você não quer ser gordo, flácido e sedentário, nem quer perder as oportunidades diversas que o mundo tem a oferecer. Até nas redes sociais você enfrenta o medo de não ter postagens curtidas nem comentários, ficando excluído da vida digital de muitos dos seus amigos, em sua maioria, virtuais.

Você precisa se livrar dos medos que são reais, assim como os que nascem de situações inexistentes. Se você sabe que não precisa sentir medo de um filme de terror, por que fica se matando de ansiedade e pânico por algo que nem aconteceu de verdade?

Faça uso de todas as ferramentas disponíveis para resolver esse problema: terapia, mudanças que você mesmo pode fazer na sua rotina e, principalmente, a consciência efetiva de suas sensações, elencando tudo o que lhe causa medo e que deve ser evitado ou excluído do seu dia a dia. A forma como pensamos tem relação direta com a maneira como sentimos, e se você estiver cultivando pensamentos negativos, não há possibilidade de se sentir bem.

Por exemplo, se você tem um encontro e já sai de casa pensando que não vai agradar ao outro, que será uma experiência ruim ou que aquela não é a pessoa certa, a chance de chegar lá sem esperança é muito grande. Mas se você trabalhar sua mente e acreditar que tudo vai dar certo, já terá dado o primeiro passo para o sucesso.

A neurologista Katherina Hauner, além de usar a dessensibilização para encarar as fobias de frente e superá-las, publicou em 2013 um estudo que revela ser possível uma pessoa apagar seus medos enquanto dorme. Durante esse período, as memórias ruins podem ser evocadas e finalmente suplantadas. Mesmo tendo sido apenas um experimento, a técnica já mostra mais uma possibilidade de se vencer um medo, e que não é impossível deixar de temer algo que, em dado momento, pareceu tão amedrontador.

A FORÇA DO POSITIVO

Por ser a maior dificuldade encontrada pelo ser humano ao lidar com o que ainda não conhece, a tensão gerada pelo medo pode ultrapassar os limites da normalidade e fazer que um indivíduo entre em uma espécie de curto-circuito mental, como um ataque de pânico. Porém, quanto mais ele considerar as situações de forma positiva, menos ansiedade vai sentir e maiores serão os seus limites de tolerância diante dos medos, tanto consciente quanto inconscientemente.

Já se sabe que o cortisol, o hormônio do estresse, quando aplicado em doses específicas, ajuda a reduzir a chance de ocorrerem transtornos. Em um futuro não muito distante, uma pessoa afetada por um momento traumático poderá tomar um remédio que impedirá a fixação desse temor em sua memória de maneira negativa, conservando-o apenas como um aprendizado.

Enquanto esses remédios milagrosos ainda não se encontram à disposição, é sua tarefa se concentrar no que a sua mente está enviando de positivo para o seu corpo, repelindo tudo que for prejudicial à sua saúde física e emocional. Apelar à razão é uma das formas de superar um medo já enraizado em seu cérebro, aprendendo a conviver com ele. É o

> **EVITE CONSUMIR INFORMAÇÕES QUE TRAGAM INSEGURANÇA E PAVOR.**

caso do pânico de perder pessoas amadas, que não o impede de perder alguém, mas o leva a complicar suas relações e abrir espaço para a dor e o sofrimento se instalarem.

Mudar o foco da fobia e de acontecimentos futuros é ideal para que você não sinta medos antecipadamente ou fique paranoico, deixando de aproveitar os momentos bons da vida porque está sempre temendo que algo ruim aconteça.

Ignore estímulos negativos e perceba que o mundo é menos violento do que ele realmente aparenta ser.

Fugir das fobias não significa correr na direção contrária, mas sim aceitá-las para entender como elas podem ajudá-lo a se desenvolver e evoluir.

Expor-se aos medos é encará-los de frente e refletir sobre o que lhe causa temor (mas você deve fazer isso aos poucos, para que não seja um ato de sofrimento e sim uma superação; é não buscar motivos para adoecer; é não acreditar em tudo o que lê por aí diariamente; é recriar suas vivências para relembrar seus aprendizados; é abandonar as crenças do passado, de que você precisa sentir medo de tudo para estar seguro.

Não se deixe escravizar por sua mente, permitindo que ela o leve a lugares aos quais você não precisa ir. Passe a valorizar o lado bom das coisas, sem se preocupar com o que pode dar errado. Viva o presente com a autoconfiança necessária para dissipar o temor, a fobia, o pânico. E esteja consciente de que a vida não lhe foi dada à toa, para perder tempo com situações que o paralisam, mas sim para que você a desfrute com prazer, com positividade, com vontade de enfrentar os obstáculos (que são muitos) e de seguir em frente da melhor forma que puder: sem medo.

LEMBRE-SE DE
QUE A MENOR DAS
VELAS ILUMINA
A MAIS ESCURA E
AMPLA SALA; DA
MESMA FORMA, UM
AMBIENTE ABERTO
E RESPEITOSO
ELIMINA A CHANCE
DE PROLIFERAÇÃO
DO MEDO.

RESOLVENDO O MEDO EM AMBIENTES DE TRABALHO

> **A MENOR DAS VELAS ILUMINA A MAIS ESCURA SALA.**

Se existe um fator que faz o medo se esvair de equipes e de funcionários é um ambiente aberto ao diálogo. Quando se começa a travar conversas sucessivas sobre tudo e todos os envolvidos com o trabalho, muitas questões vêm à tona e quase todas podem ser resolvidas.

Quando os líderes se aproximam das equipes, fazem reuniões abertas, discutem projetos envolvendo a todos, justificam seus critérios e posições, no fundo estão ajudando as pessoas mais receosas e medrosas.

VÁ EM DIREÇÃO AO MEDO

Se há algo poderoso que se pode fazer contra o medo é ir ao encontro dele.

ESTÁ COM MEDO DE FALAR? LEVANTE-SE E FALE!

ESTÁ COM MEDO DE DIRIGIR? PEÇA A ALGUÉM QUE TE LEVE A UM LOCAL SEGURO, LIGUE O CARRO E DIRIJA!

ESTÁ COM MEDO DE SUA NAMORADA O DEIXAR? VÁ E APROVEITE AO MÁXIMO OS MOMENTOS DE SUA VIDA, COM OU SEM ELA!

ESTÁ COM MEDO DE PERDER UM NEGÓCIO? PARE E ANALISE TUDO QUE PODE PREJUDICÁ-LO. LEVANTE OS FATOS DE MANEIRA CUIDADOSA E PREPARE-SE PARA TOMAR ALGUMA MEDIDA!

Quando enfrentamos aquilo nos amedronta ou ameaça, saímos da paralisia emocional que leva a mente a se viciar na ilusão do medo e a fantasiar o terror. É isso que faz inúmeras pessoas criarem suas próprias limitações.

Por isso recomendo que se movimente! Saia da paralisia e siga em frente!

É o movimento que quebra a ilusão e traz à tona a nossa verdadeira força de espírito!

EXERCÍCIOS PARA TRAZER ENCORAJAMENTO

1. Quando sentir medo de falar, levante-se e fale. Quando sentir medo de andar, ande. Quando sentir medo de perder, aventure-se. Vá ao encontro do medo.
2. Disseque seu medo: assuma esse estado, identifique o que sente e perceba sua real dimensão.
3. Aceite que o pior pode ocorrer e que você, em algumas situações da vida, não tem qualquer controle.
4. Pense em uma série de planos ou ações contingenciais que podem ser executados caso ocorra, de fato, o que você imagina.
5. Levante a cabeça e estufe o peito, literalmente. O movimento do corpo afeta seu sistema sensorial.

CAPÍTULO 8

RAIVA

DO FOGO À CLAREZA

ELA PEGOU O VASO DE FLORES E, DE SÚBITO, ARREMESSOU-O CONTRA A PAREDE. UMA FÚRIA TOMOU-LHE O ESPÍRITO QUANDO SOUBE QUE O COMPANHEIRO LHE HAVIA TRAÍDO A CONFIANÇA. COMO ELE PÔDE FAZER UMA COISA DESSAS?

RAIVA: A EMOÇÃO QUE NÃO É BEM COMPREENDIDA

A raiva pode se revelar de modo explícito ou velado ao longo de nossa vida; mantida sob controle ou não, ela se manifesta em diferentes ocasiões e sob as mais diversas formas. Vejamos como é possível entender e lidar com essa energia tão forte.

A origem da raiva está no senso de injustiça. A partir do momento que não concordamos com a maneira como algo acontece ou como se movimenta, essa contrariedade toma forma de energia e surge o que nós denominamos raiva. Raiva é uma tristeza ativa.

TOCANDO NA RAIVA

Com base na palavra latina rabia, com etimologia no vocábulo rabies e raízes também no sânscrito rabhas, que significa "tornar-se violento", a raiva é considerada um sentimento de cólera, podendo ser expressada por meio de uma atitude imediata e sem maiores consequências ou de um comportamento prolongado e que atrapalha o indivíduo no longo prazo. Também adotando nuances de fúria, ira, ódio e rancor, esse sentimento envolve diversas formas de expressão e modulação, e pode ser observado nos seres humanos e nos demais vertebrados.

Na Antiguidade, acreditava-se que a raiva era causada por forças sobrenaturais e por entidades malignas. Aristóteles, porém, descrevia a raiva como uma doença espontânea, podendo ser transmitida por cães ou pelos alimentos muito quentes, pela sede, por falta de sexo ou por uma forte excitação nervosa.

Composta por três elementos, a raiva é uma interação entre os pensamentos avaliadores (responsáveis por julgar de forma apropriada a reação diante de uma situação ou pessoa), as mudanças físicas e o comportamento de alguém quando está tomado pela fúria. Todos esses fatores surgem a partir de um único acontecimento desencadeador baseado em alguma sensação de injustiça.

A relação entre esses elementos afeta diretamente a intensidade da sensação, como quando a namorada espera que seu amado faça algo para ela, e ele demora. A namorada pode avaliar essa atitude como uma provocação, o que fará seu corpo reagir, seu coração acelerar, a respiração ficar ofegante e os músculos ficarem tensos; nesse momento, ela está sentindo raiva, e, por pensar que o namorado é o responsável, ela alimenta o sentimento e se comporta de maneira alterada.

A cabala, uma tradição mística judaica, prega que, quando uma pessoa tomada pela raiva entra em uma dimensão de ódio e tristeza, é preciso praticar a inação, o ficar consigo mesma em companhia do silêncio, o que para muitos é algo incômodo, mas é fundamental para o seu crescimento. Para essa doutrina, é melhor não fazer coisa alguma do que se deixar tomar pela raiva, que tem duas qualidades: o apego e a compaixão. Enquanto apego, a raiva provém do sentimento de vingança, da inveja e do julgamento; já sob a forma de compaixão, busca a justiça e a solidariedade, sendo esta uma qualidade que constrói quando comparada à anterior, propensa a desconstruir e desequilibrar.

Em seu livro *A expressão das emoções nos homens e nos*

> O OPOSTO DO AMOR NÃO É O ÓDIO, MAS A INDIFERENÇA. INDIFERENÇA É UMA AUSÊNCIA DE EMOÇÃO.

animais,[1] o naturalista britânico Charles Darwin associou a raiva à expectativa de se sofrer alguma agressão intencional ou ofensa por parte de outra pessoa. Esse sentimento poderia ser transformado em ódio e contaminar a natureza da relação entre as pessoas de forma anatômica e funcional. Darwin atribuiu as emoções a um aspecto biológico e a uma herança evolutiva, um conceito revolucionário; antes disso, esses sentimentos eram apenas atributos de uma alma imaterial ou de um espírito.

Darwin descreveu as emoções de maneira muito semelhante à que temos hoje: cada uma delas está caracterizada por um comportamento ou ação específicos, bem como por um conjunto de mudanças de parâmetro fisiológico.

Cada emoção pode ser manifestada em diferentes graus de intensidade, discriminados pelas variações denominativas de "raiva", como fúria, ódio e indignação.

Darwin foi capaz de analisar e compreender as expressões faciais, um estudo inovador para a época, descobrindo que elas manifestavam as emoções sentidas pelo indivíduo ou pelos animais por meio de contrações musculares da face e das posturas corporais.

Em suas observações, notou, por exemplo, que os cães raivosos que se posicionavam para o ataque apresentavam expressões muito semelhantes à da raiva manifestada pelos seres humanos, com lábios superiores levantados e tensos, dentes à mostra e musculatura acima dos olhos bastante contraída. O livro do britânico deixou um grande legado justamente por trazer à tona o quanto somos parecidos com os animais, e o quanto eles também se parecem entre suas diferentes raças. Ao ser ameaçados, os animais eriçam os pelos e se enrijecem, e nos momentos de calmaria eles abaixam a guarda porque não estão diante de um perigo real. Co-

---

1   DARWIN, Charles. *A expressão das emoções nos homens e nos animais*. São Paulo: Companhia de Bolso, 2009.

nosco acontece a mesma coisa; não eriçamos nossos pelos, é verdade, mas nossas feições deixam muito claro quando estamos alterados ou furiosos.

A RAIVA NA VIDA MODERNA

Janice Willians, pesquisadora da Universidade da Carolina do Norte, nos Estados Unidos, realizou um longo estudo sobre a raiva, observando o comportamento de 13 mil homens e mulheres com idade entre 45 e 64 anos. Sua pesquisa revelou uma classificação existente entre os diversos níveis de raiva, que variam entre baixa, média e alta disposição. As pessoas com tendência à irritação frequente possuíam três vezes mais probabilidade de sofrer infartos do que aquelas que enfrentavam as situações desagradáveis com mais tranquilidade.

Não tem como negar: a raiva é uma das emoções da rotina contemporânea e, ao mesmo tempo que está bem escondida dentro de uma pessoa, pode se manifestar de forma intensa e violenta. A raiva pode gerar impulsos contra quem nos ofende, nos fere ou contra os que duvidam da nossa dignidade, resultando em atos repletos de agressividade em relação ao outro ou a si mesmo.

Há quem diga que a intensidade da raiva depende do valor que damos a tudo o que está à nossa

> A RAIVA É UMA DAS EMOÇÕES DA ROTINA CONTEMPORÂNEA.

volta, e que, combinado com os traços de personalidade de cada pessoa, o sentimento pode se transformar em uma verdadeira explosão. Enquanto um indivíduo alimenta a sua raiva, ele reúne forças para lutar contra si mesmo e contra todos, criando muitas vezes um círculo vicioso. Em um tempo em que vivemos na correria do dia a dia, com milhares de preocupações e pendências a resolver, a raiva pode ser uma válvula de escape, embora seja prejudicial à saúde do corpo e da alma.

Além da perturbação da mente, esse sentimento afeta o corpo, causando diversos problemas físicos (como os cardiovasculares, os estomacais e os dermatológicos), além de doenças psicossomáticas (originadas de emoções negativas, sendo as mais conhecidas a tristeza e a ansiedade).

Quando estamos tomados por energias negativas, nossa capacidade de pensamento fica muito prejudicada e somos impedidos de agir com moderação, uma vez que nosso cérebro está dominado pela adrenalina para se manter em estado de alerta. A cada episódio de raiva, o nosso organismo libera uma carga extra desse hormônio, o que aumenta os batimentos cardíacos e a pressão arterial, reações que podem causar até mesmo um infarto.

A raiva também é muito estimulada em ambientes de trabalho, onde gestores provocam suas equipes incitando-as contra seus concorrentes, gerando assim um clima de fúria em que essa energia é capitalizada em conquistas de mercado. Isso tem gerado resultados, no entanto, cabe analisar a que custo.

A raiva é uma emoção capaz de preencher o ser humano de tal forma que, pela energia intensa que ele passa a liberar, a convivência com outras pessoas torna-se bastante difícil. Porém, após um ataque de raiva o indivíduo vai se sentir mal, constrangido e envergonhado pelo que fez ou falou, além de su-

> **RAIVA É UM FOGO INTERNO.**

portar uma sensação muito grande de arrependimento. Reprimir a raiva é uma alternativa que muitos adotam, mas ela continuará alojada no corpo de alguma forma.

Algumas pessoas sentem raiva, mas o sistema social leva muitas delas a pensar que precisam se esconder por trás de sorrisos. Isso pode fazer que o indivíduo alimente ainda mais a sua raiva, que se manifestará fisicamente de maneira arrasadora depois de algum tempo. À medida que você reprime a raiva, ela vai se acumulando e ganhando poderes ainda mais destrutivos. Quando você não conseguir mais controlá-la, ela vai modificá-lo, transtorná-lo, fazê-lo tomar atitudes intempestivas ou mesmo adoecer. Isso vem ocorrendo em todo o mundo moderno.

A raiva é resultado de desejos e expectativas frustrados e do senso do que é certo. Quando o sangue ferve, a respiração fica ofegante e a cara fica sisuda, é sinal de que a raiva está tomando conta de você, e se esse sentimento não for trabalhado psicologicamente, pode gerar rancor, mágoa e dores físicas, com chances de evoluir para quadros de depressão e estresse, doenças comuns na atualidade.

Outra tendência das pessoas para externarem um comportamento socialmente aceitável é fingir que está tudo bem, que é um ser humano equilibrado.

Para que isso ocorra, é preciso guardar a raiva, mas essa prática só potencializa a angústia. Esse é um dos motivos pelos quais os especialistas aconselham as pessoas a ter ponderação e maturi-

> **A RAIVA É RESULTADO DE DESEJOS E EXPECTATIVAS FRUSTRADOS E DO SENSO DO QUE É CERTO.**

dade para lidar com a própria raiva, uma vez que somos suscetíveis a senti-la diariamente.

Todas as expectativas que o ser humano cria ao longo de sua existência alimentam a raiva e, consequentemente, a mágoa. Em inúmeros casos, isso ocorre porque muitos não entendem que não somos iguais, e que tampouco somos obrigados a corresponder àquilo que os outros esperam de nós.

E O QUE GERALMENTE ACONTECE QUANDO NOSSAS EXPECTATIVAS NÃO SÃO CONCRETIZADAS?

NÓS SENTIMOS MUITA RAIVA.

A RAIVA NECESSÁRIA

Paradoxalmente, a raiva pode ser um sentimento fundamental para que o ser humano seja capaz de estabelecer uma relação honesta com a manifestação de seus valores. É compreensível que alguém se indigne ou reaja ao que faz mal a si ou ofende seus valores. O sentimento de indignação pode levar uma pessoa a querer fazer as mudanças necessárias para que tudo fique bem.

A raiva pode ser um poderoso meio de se movimentar ou mudar algo. Perceber áreas deficientes em um negócio, um atendimento ruim, um serviço malfeito ou uma injustiça a alguém, entre tantas situações, podem ser ações extremamente salutares para a melhoria de desempenho ou correção de rumo, ainda que movidas pela raiva.

Não há nada de errado em sentir e manifestar a sua raiva, e, por vezes, isso é tudo de que se precisa em determinado momento.

O problema ocorre quando a pessoa sente raiva em doses excessivas: isso conduz à mágoa e ao rancor, provocando, assim, mais problemas e efeitos negativos para quem a sente do que para quem a despertou.

Dessa forma, a raiva pode ser um importante movimentador da sociedade; é a indignação manifesta. Quando vemos injustiças ou atos ilícitos, o inconformismo permite que façamos frente a essas afrontas e nos posicionemos em favor de mudanças construtivas. Nesse sentido, a raiva pode ser canalizada positivamente e tornar-se uma poderosa ferramenta de mudança.

EXISTEM QUATRO FORMAS DE SE MOVIMENTAR E DIRECIONAR A RAIVA POSITIVAMENTE:

RAIVA GENTIL
RAIVA CALMA
RAIVA FOCADA
RAIVA RESPEITOSA

FIGURA 8.1 O CICLO DA RAIVA

Todo processo da raiva inicia-se com a interpretação de indignação ou injustiça em relação a um evento. Uma vez sentida, a raiva gera um estresse no corpo físico da pessoa, que pode reter essa energia ou externá-la, gerando na sequência uma memória que pode ou não ser uma sensação positiva do tipo "valeu a pena".

> A RAIVA PODE SER UM IMPULSOR DE ATITUDES.

COMO USAR A RAIVA A NOSSO FAVOR

EXPRESSAR-SE TRAZ A CURA
Uma das melhores formas de lidar com a raiva é se expressar, mesmo que negativamente. Isso pode fazer que ela se dissipe, cortando pela raiz uma de suas maiores causas: a vontade de controlar tudo. A percepção de estar impotente perante algo ou alguém também pode despertar em nós uma raiva descontrolada em razão do medo de falhar ou de perder o controle sobre alguma situação.

> **A SUA RAIVA COMEÇA E TERMINA EM VOCÊ.**

Por isso, quando se sente raiva, é muito importante colocá-la para fora, seja gritando, batendo em alguma coisa ou movimentando o corpo, entre outras atitudes.

Decerto uma pessoa deve fazer isso observando três situações:
- não ter ninguém presenciando, para não criar mal-estar;
- não se machucar;
- não ferir os outros.

SEJA GENEROSO COM VOCÊ
Para lidar melhor com a raiva, é preciso compreender que nós caminhamos sozinhos e que, para sermos felizes e realizados, precisamos

ter força de vontade para correr atrás dos nossos sonhos e objetivos, sem esperar algo em troca das pessoas. É mais fácil espantar a frustração se você não atribuir a terceiros algo que é sua própria obrigação, fazendo você mesmo aquilo que é esperado. Enfrentar a raiva de frente não significa negar que ela exista, mas sim acolhê-la da forma mais saudável e benéfica possível. Há quem diga que nossa raiva é, na maioria das vezes, gerada por acontecimentos ou situações de pouca importância; sendo assim, pare e pense se vale a pena estragar seu bem-estar por algo que não merece a sua atenção. Ou então canalize a raiva para algo positivo, que vá acrescentar algo a você e não diminuí-lo, e por mais difícil que seja, não desconte sua fúria nas pessoas ou nos animais, pois isso só fará que você se sinta ainda pior e mais envergonhado.

A RAIVA É SÓ SUA

Sim, a raiva é só sua. Como falamos há pouco, o sentimento ruim que você sente tem muito mais efeito em você do que nos outros, e utilizar os problemas, as pessoas ou o mundo como desculpa só fará seu rancor aumentar cada vez mais. E quem é o mais prejudicado com isso? Você mesmo!

Guardar as mágoas faz mal para a saúde e para o coração, e os sentimentos ruins, fruto de expectativas frustradas, extrapolam os limites da normalidade do ser humano, desequilibrando-o e deixando-o cego para o que realmente lhe causou sofrimento. É crítico enxergar que quem cria a conotação negativa, verdadeira geradora da mágoa, é a própria pessoa.

E é exatamente toda essa sensação emocional de raiva que causa a dor física, chegando a interferir na atividade cerebral e tornando difícil o envio de estímulos nervosos – responsáveis pela execução de muitas das funções orgânicas – ao corpo, fazendo que ele não reaja da forma como deveria.

Um bom começo para encarar sua raiva de frente é aceitando-a como parte de você. Por mais calmo e tranquilo que você seja, em algum momento vai perceber que está enfurecido com algo. Nesse instante, não tenha medo da sua raiva e nem queira escondê-la. Libertar a raiva ainda é uma das melhores maneiras de se lidar com ela. Afinal, foi você quem escolheu depositar suas expectativas em um colega de trabalho, em um amigo, em um parente ou na pessoa com quem você tem um relacionamento amoroso. Como sua raiva será culpa de alguém sendo que ela nasceu e só pode terminar em você?

A NECESSIDADE DE CONTROLE

A raiva também é fruto de um objetivo que você não conseguiu cumprir ou de uma ação desastrada, por mais simples que possam parecer: a receita que deu errado, uma pedra que chutou na rua, o ônibus que perdeu, o processo no trabalho que não deu certo. Inúmeros motivos podem lhe causar mágoa durante um único dia, e você não pode viver em função desse sentimento negativo. Ao decidir expressar sua raiva e externar o que está sentindo, você tem grande chance de agir irracionalmente, aumentando ainda mais seu mal-estar; e, por incrível que pareça, essa é uma sensação normal e aceitável exatamente porque sua vontade foi libertar-se da raiva que o consumia para, mesmo depois de agir por impulso, conseguir reconhecer o cerne do problema e como resolvê-lo, com paciência e moderação.

Assim, procure abrir mão de alguns controles e aceite as adversidades da vida. Quando você se concentrar na pergunta "o que isso quer me ensinar?", verá que a raiva se dissipará.

Lidar com a raiva é também lutar para que ela não tome conta de você. Isso pode ser conquistado tomando atitudes simples, como:

- não criar expectativas em relação ao comportamento alheio;
- aceitar o fato de que você não é o centro de tudo;
- estabelecer diálogos para aliviar a tensão;
- fazer exercícios físicos;
- meditar;
- canalizar suas forças para coisas boas.

MUDE A INTERPRETAÇÃO E A RAIVA SE DISSIPARÁ

A raiva transforma nossas sensações mentais e corporais. Isso ocorre quando interpretamos, a partir de um acontecimento, que fomos contrariados ou sofremos uma afronta ou uma injustiça. Por vezes não será possível controlar um comportamento mais agressivo e violento; é bem verdade que todos nós temos o direito de sentir raiva, e isso não é errado, mas a maneira como a expressamos e o que fazemos com essa fúria que sentimos pode não ser a mais adequada.

Tomemos como exemplo o ex-jogador de futebol Zinedine Zidane. Na final da Copa de 2006 ele foi fortemente provocado e insultado por um adversário. O francês não conseguiu se conter e deu uma cabeçada no peito do oponente, ganhando um cartão vermelho e fazendo sua seleção perder uma peça-chave no jogo. Manifestar sua indignação é fundamental, mas tão importante quanto expressá-la é saber como fazê-lo.

Não precisamos nos sentir culpados por sentirmos raiva; o que temos de perceber é se essa sensação está nos ajudando a resolver um problema, se está dentro de limites razoáveis e se a estamos transformando em algo positivo.

A RAIVA PODE SER ÚTIL... E BENÉFICA!

Ficar furioso com algo fará que você se sinta mal, se comporte inadequadamente e magoe quem está ao redor. Apesar de tudo isso, a raiva lhe dá a energia e o vigor necessários para que você se proteja de injustiças e abusos e mude o que não está lhe fazendo bem. A raiva passa a ser muito prejudicial quando é um problema frequente e intenso, levando a um comportamento agressivo e interferindo nas relações pessoais e profissionais.

Um indivíduo que sente raiva normalmente é sincero. É muito difícil simular a raiva. As pessoas podem aparentar felicidade, alegria, entusiasmo, mas fazer o mesmo com a raiva é mais complexo, pois envolve algo muito verdadeiro, que emana de dentro e eclode com uma força natural. É mais fácil desconfiar de uma pessoa simpática do que de alguém nervoso.

Quando temos de lidar com a raiva, algumas estratégias são valiosas. Para eliminá-la ou transformá-la em energia positiva, você pode:

- examinar a raiva e a maneira como se comporta, tanto para reconhecer o que lhe causa esse sentimento quanto para identificar seus componentes (pensamento avaliativo e reações físicas);
- entender que um evento só se torna desencadeador de raiva porque você o interpreta sob esse ponto de vista;
- compreender que as reações físicas da raiva têm o enorme poder de potencializá-la;

- entender que o chamado comportamento raivoso é o último a ocorrer e que, portanto, você tem tempo para controlá-lo;
- admitir que o rompimento do processo reativo da raiva em sua fase inicial irá ajudá-lo a mudar seu diálogo interno com esse sentimento e a lidar com ele;
- tentar relaxar quando perceber que seu corpo está somatizando a raiva, permitindo-se eliminar essas tensões a fim de recuperar a calma e o controle.

> **É MAIS FÁCIL DESCONFIAR DE UMA PESSOA SIMPÁTICA DO QUE DE ALGUÉM NERVOSO.**

Desabafar uma mágoa e ser sincero consigo mesmo é uma boa forma de viver melhor, sem ficar remoendo o que lhe faz mal por ter medo de expor seus sentimentos ou por não ter forças suficientes para externar toda a angústia que o assola. O organismo humano não foi feito para guardar sentimentos ruins, e por isso seu corpo e sua mente vão definhar se você insistir em manter a raiva armazenada em seu interior. Isso só contribuirá para que, ao tentar aliviar seu sofrimento, a pressão o sufoque e transborde com mais intensidade do que deveria. Os sintomas que virão a seguir se manifestarão porque não extravasamos os sentimentos e damos a eles uma conotação ainda mais negativa do que eles de fato têm.

Para conseguir expressar sua raiva, você pode (e deve!):

- expor seus sentimentos sem medo, buscando em você mesmo e em sua vida os recursos que o ajudarão a superar sua dor, como seus amigos, uma terapia e a prática de esportes;

- trabalhar sua autoestima para não deixar que as coisas e as pessoas o afetem de forma tão dolorosa;
- analisar seus pensamentos na tentativa de se livrar do que for negativo, inapropriado e pessimista;
- perdoar, superando o que aconteceu de ruim para se libertar do sentimento de raiva.

ABRA-SE E DESABAFE

Abra o jogo com alguém de sua confiança. Baixar a guarda e falar de suas emoções pode ser muito saudável.

A raiva pode camuflar várias de nossas inseguranças, e mesmo que pareçamos mais fortes e intimidadores quando estamos enfurecidos, esse sentimento esconde o medo de acontecer algo ruim, como no cuidado de um pai com o filho que teima em atravessar a rua sem dar as mãos. A raiva pode esconder a culpa de quem insiste em não assumir os próprios erros e seus verdadeiros sentimentos, como quem se defende e fica agressivo ao ser questionado sobre o abandono de um filho; pode ocultar uma dificuldade em dizer "não" e impor limites, acumulando ressentimentos e mágoas, conduzindo o indivíduo a atitudes de violência intensa; pode esconder a obrigação de agradar ao outro, como uma filha que se sente culpada por agir conforme a vontade da mãe e contra a sua própria, apenas para não irritá-la; pode dissimular a necessidade de reconhecimento, e caso isso não aconteça por algo que fizemos, enfurecemo-nos com as pessoas e tentamos fazer com que elas se sintam culpadas. A raiva esconde o que ainda não perdoamos, e enquanto esperamos o outro nos perdoar primeiro, sofremos sem necessidade.

Aprender a lidar com a raiva é dar um passo significativo rumo à própria evolução, porque, como disse Dalai Lama, "a raiva nos devasta por dentro, induz situações complexas, problemáticas. E cria cada vez mais sofrimento em nossas vidas". Desabafar com alguém pode ser muito benéfico e libertador.

Para os tibetanos, por exemplo, a raiva em pequenas doses pode ser utilizada para apoiar causas nobres, como em episódios de torturas e prisões políticas, que provocam indignação e, exatamente por isso, influenciam os cidadãos a lutarem contra os males da sociedade. À medida que sua raiva o motiva a se movimentar, ela está sendo muito proveitosa e positiva, não deixando que a intolerância se transforme em ódio, e sim em descontentamento.

Para Buda, a ira sempre começa com a ignorância e termina como um grande arrependimento, e por isso a grande saída não é reprimir a raiva, mas evitar que ela se instale, pois você sabe o que lhe causa a mágoa.

Segundo o taoísmo, um líder sábio não escolhe a agressão para tentar conquistar pela força, uma vez que isso apenas gera resistência e a verdadeira perda de forças.

O surgimento da raiva é normal desde que ela não se torne uma emoção constante em sua vida; só depende de você lidar com ela da forma mais assertiva a fim de que seja transformada em estímulo para as mudanças necessárias em seu interior e na sua relação com as pessoas.

> **SENTIR RAIVA É UMA COISA NORMAL.**

Lembre-se de que explodir e perder o controle é a maneira mais fácil e mais prejudicial de tratar a sua fúria. Em contrapartida, respirar fundo e analisar o que está lhe causando esse sofrimento para, então, descobrir como agir perante o ocorrido pode ser o caminho mais árduo, mas certamente é o mais benéfico.

Lidar com a raiva é mergulhar em si mesmo para entender as crenças e expectativas que estão por trás dela; é se desprender do que lhe faz mal; é começar a superar situações desagradáveis e encontrar seu lado positivo; é se reconciliar com o que lhe frustrou. Lidar com a raiva significa mudar seus padrões de pensamento para viver de forma mais leve, encarando sua rotina apenas como rotina, dando a ela unicamente o tamanho que ela de fato possui; é compreender que seus desejos são apenas seus, e esperar que os outros desejem o mesmo que você é decepcionante, além de lhe trazer muita raiva; é reconhecer seu valor perante os outros, saber quando dizer não, conhecer o lugar de cada um e perceber que dialogar é muito melhor do que perder o controle e descontar toda a sua ira em quem não merece.

Aprender a conviver com a raiva é entendê-la. Mas cuidado: não sentir qualquer vestígio de raiva é tão perigoso quanto sentir uma raiva incontrolável. O ideal é aprender a externar seus sentimentos no momento correto, na medida certa e com as pessoas apropriadas, lembrando sempre que o primeiro a lidar bem com essa raiva, e a quem ela pertence, é você mesmo.

EXERCÍCIOS PARA TRAZER CLAREZA

1. Método da almofada: pegue uma almofada velha e gaste minutos liberando tudo que está represado em cima dela, sem ninguém por perto. Solte toda a sua raiva e espanque a almofada, desde que não se machuque. *Fique tranquilo porque a almofada não o processará.*
2. Inclua algum esporte ou atividade física em sua vida. Cuidado para não explodir com os outros caso escolha um esporte de contato.
3. Tenha uma pessoa de confiança para desabafar, que seja madura e aguente o desgaste energético de te ouvir.
4. Procure um ponto de vista diferente para encarar as situações.
5. Aprenda a rir das coisas mais difíceis. Abuse do bom humor.

CAPÍTULO 9

LUXÚRIA

DO DESEJO À LUCIDEZ

ELA QUERIA TUDO; NADA ERA SUFICIENTE. O DESEJO PELA ATENÇÃO, PELOS BENS, PELO PODER E PELO PRAZER NUNCA ERA SATISFEITO. HAVIA UMA TENDÊNCIA INCONTROLÁVEL DE TER MAIS E DE TER O MELHOR, SEMPRE. O SUFICIENTE NUNCA ERA O BASTANTE.

LUXÚRIA: UM DESEJO POR VEZES IRREPRIMÍVEL, IMPENSADO E DESCONTROLADO

Uma vontade incontrolável de prazer sensual e material; um desejo egoísta e ardoroso de quem se deixa dominar pelas paixões, cometendo uma transgressão condenada por muitos. Essa é a luxúria, um sentimento caracterizado, ainda, pela lascívia, pela libertinagem e pelo despudor.

Do latim *luxuriae*, o substantivo feminino luxúria tem o significado de exuberância, excesso, simbolizando o desejo por prazeres carnais e sexuais que caracterizam a concupiscência e a sensualidade. É um comportamento marcado pela passionalidade do ser humano, que se deixa subjugar pelo prazer erótico.

Para a Igreja Católica, a luxúria é um dos sete pecados capitais, listados pela primeira vez por São Tomás de Aquino no final do século 6, durante o papado de Gregório Magno. Na condição de pecado, a luxúria representa o apego aos prazeres da carne, a corrupção de costumes e a sensualidade extrema. Considerada uma atitude que vai contra as leis divinas, é um vício que compreende e controla os instintos do indivíduo, dominando-o de tal forma que desvirtua seu comportamento na sociedade, algo que a Igreja julga, desde então, um total desrespeito aos costumes e à moral, assim como o são a gula, a avareza, a preguiça, a soberba, a ira e a vaidade.

Quando analisada como vício, a luxúria é o oposto da castidade, por ser uma satisfação desregrada dos desejos sexuais, o que confere a esse termo uma conotação bastante negativa para muitas pessoas. O ato sexual sem uma razão de ser é o que denigre as características únicas da sexualidade, e de acordo com alguns autores, a luxúria pode prejudicar consideravelmente o desenvolvimento harmonioso da personalidade, atuando como uma força contrária à dignidade do ser humano.

A atitude de anseio e apego aos prazeres carnais e aos comportamentos sexuais explícitos de forma exagerada pode levar o indivíduo à promiscuidade e a ser tachado de lascivo, ou seja, alguém que mantém o foco no prazer pelo sexo de forma lúbrica, libidinosa e inspirada exatamente pela luxúria. Por toda essa conotação, em alguns lugares do Brasil a palavra luxúria também faz referência ao esperma e ao período de cio; em contrapartida, no âmbito da botânica, consiste no viço dos vegetais e na exuberância de sua seiva.

Desmedida e ilimitada em sua voracidade pela carne no seu sentido sexual, a luxúria se manifesta na maioria das vezes de forma incontrolável, demasiada e insaciável. Diretamente ligada à lascívia, ela representa também a impossibilidade de controlar a libido. Relacionada aos pensamentos possessivos sobre uma pessoa ou determinada situação, tal sensação pode chegar a um tipo de obsessão extremo e patológico, dando origem a diversas compulsões sexuais, abusos e violações de diferentes naturezas.

De acordo com a teologia, a luxúria surge quando o indivíduo não é temente a Deus, não amando a si mesmo nem ao outro, porém, tentando possuir o outro para obter aquilo que julga ser imprescindível. Essa atitude coloca o "ser amado" em uma posição desumana, na qual perde seu valor como pessoa e se transforma em um objeto para satisfazer o desejo alheio, deixando de ser um reflexo da criação divina.

NA GRÉCIA ANTIGA, AS PESSOAS JÁ DEMONSTRAVAM INTERESSE EM RELAÇÕES SEXUAIS LIVRES E SEM RESTRIÇÕES; NOS FESTIVAIS EM HOMENAGEM AO DEUS BACO, CONHECIDOS POPULARMENTE COMO BACANAIS, OS INDIVÍDUOS BUSCAVAM EXPRESSAR SEUS PRAZERES SEM SE PREOCUPAR COM NADA ALÉM DOS PRÓPRIOS DESEJOS E VONTADES.

A emoção de intenso desejo pelo corpo, seguindo os preceitos que regem os sete pecados capitais, serve como uma "porta de entrada" para todos os outros seis vícios, podendo acarretar graves e irremediáveis consequências, além de desvios morais. Da luxúria derivam comportamentos como a prostituição, a sodomia, a pornografia, o incesto, a pedofilia, o sadismo, o fetichismo e o masoquismo, entre outras parafilias.

Ao longo da história da humanidade, muitas religiões e tradições espirituais condenaram e desencorajaram a luxúria em todos os seus níveis. Um exemplo é o Bhagavad-Gita, clássico da filosofia e da espiritualidade indianas que contém a essência do conhecimento védico e que há tempos intriga a mente de grandes pensadores no mundo inteiro. Esse texto apresenta Krishna, a suprema personalidade de Deus e a verdade absoluta, ao lado de seu discípulo guerreiro Arjuna em pleno campo de batalha. Em um dado momento, Krishna retrata a luxúria como um grande demônio insaciável, tido como um forte inimigo por ter nascido da paixão que se transformou em ira quando não foi satisfeita.

A luxúria também está presente no eneagrama, o diagrama criado pelos orientais que revela nove diferentes tipos de personalidade mediante análise de comportamento, listando as paixões e as fixações que movem os seres humanos e que são capazes de defini-los com base em seus pontos fortes e fracos. Composto por um círculo, um triângulo e uma héxade, o eneagrama funciona como um símbolo processual, rico em possibilidades. No Tipo 8 de personalidade, o vício emocional da luxúria caminha junto com a virtude da inocência, e é caracterizado pela paixão em excesso, não apenas voltada ao sexo, mas a toda e qualquer atitude que simbolize um exagero.

Denominado "O Patrão", o Tipo 8 do eneagrama corres-

> **A LUXÚRIA É O APETITE VORAZ.**

ponde ao perfil de quem mergulha de cabeça em tudo o que faz, e a luxúria se mostra um vício antagônico à moderação do pensar, do falar e do agir, que dificulta o controle da impetuosidade e da impulsividade. Em relação à psique, esse sentimento está ligado à nossa parte mais animal e primitiva, não alcançada pela razão e pela sensatez, e que permite que os desejos imperem sobre o indivíduo em favor de bem-estar, do prazer físico, do sustento, do abrigo, da sensualidade e do senso de pertencimento.

Por serem luxuriosas, as pessoas que se encaixam nesse perfil psicológico tendem a apresentar dificuldade em adiar desejos e lidar com frustrações, uma vez que o objeto de seu querer precisa ser devorado imediatamente e qualquer impedimento ou obstáculo precisa ser destruído, deixando o caminho livre para a obtenção do prazer. Além disso, também influenciados pela luxúria, esses indivíduos são vívidos, vibrantes e conectados com a vida, buscando sempre a energia vital para se tornarem fortes e terem nas mãos o controle de tudo o que querem. Em contrapartida, eles negam suas fragilidades físicas e emocionais, sua dor, seu cansaço, sua tristeza, seu medo e sua insegurança.

O DESEJO DESCONTROLADO E IMPULSIVO LEVA, NATURALMENTE, A UMA SENSAÇÃO DE VAZIO INTERIOR, DE FALTA DE ALGO MAIOR, COLOCANDO A LUXÚRIA COMO UMA IMERSÃO NA EXPERIÊNCIA DO PRAZER IMEDIATO, DA GRATIFICAÇÃO CARNAL INTENSA E EXCESSIVA; UM MERGULHO NO FORTE E INCONTROLÁVEL ANSEIO PELAS SENSAÇÕES FÍSICAS.

```
         Nada é suficiente
         ─ ─ ─ ─ ─ ─ ─ ─
           Eu posso mais
         ─ ─ ─ ─ ─ ─ ─ ─
           Eu mereço mais
         ─ ─ ─ ─ ─ ─ ─ ─
            Eu quero mais
            Status social
           Sexo    Posses
               Amor
```

Figura 9.1 O fluxo da luxúria

O desejo é aceso na pessoa. Há um foco viciante em bens, *status* social ou sexo. Uma vez obtido o que é tão almejado, há um sentimento de "mereço mais". Uma vez alcançado esse objetivo, evolui-se para o "posso mais" e, assim, perde-se o limite.

A LUXÚRIA É PARTE DA HISTÓRIA

A luxúria faz parte da história do ser humano, e como afirma Maurício Horta, jornalista e autor do livro *Luxúria: como ela mudou a história do mundo*, foi exatamente em função desse sentimento que os povos gregos consideravam a relação estabelecida entre homens muito superior ao elo gerado entre um homem e uma mulher. Também por causa da luxúria os hebreus criaram o conceito de pecado, os papas descumpriram seus votos de castidade (tidos como invioláveis), as mulheres foram estigmatizadas e perseguidas e a pornografia se transformou em uma indústria que movimenta bilhões de dólares a cada ano.

Para Horta, a trajetória e o desenvolvimento humanos só podem ser totalmente compreendidos a partir da perspectiva de todos os sete pecados capitais, em especial da luxúria. Nesse livro, ele conta que, *quando os poetas Dante e Virgílio começaram a descer os nove círculos do inferno, como relata* A divina comédia, *encontraram alguns sábios da Antiguidade que, dos pecadores que ali estavam, eram os menos culpados, pois tinham vivido de forma virtuosa, embora nascidos antes de Cristo. Os poetas adentraram o segundo círculo infernal e constataram que no Vale dos Ventos padeciam os homens que haviam se entregado aos vícios da carne, que tinham se permitido pautar a vida pela paixão sexual, e esse era o motivo pelo qual não sairiam mais daquele local. Dante era um simples poeta, e não um homem de Deus, e nem de longe considerava os pecados capitais os erros mais graves. Por incrível que pareça, esse pensamento estava em consonância com o que pregava a Igreja Católica e o papa Gregório, que consideravam a luxúria, a ira, a avareza, a inveja, a preguiça, a soberba e a gula pecados não por representarem faltas extremamente graves, mas por serem ações completamente capazes de induzir os seres humanos a cometer outros pecados, além de constituírem um grande impulso a atitudes violentas, heresias, fraudes e traições.*[1]

A luxúria não é associada a um ato sexual específico – como a sodomia e outras práticas sexuais condenadas pela cultura judaico-cristã –, mas a uma inclinação do ser humano em ceder aos desejos do próprio corpo e que, fazendo essa concessão, é capaz de ultrapassar as barreiras do que é considerado um pecado. O significado atribuído a essa atitude pelo cristianismo teve consequências defi-

---

1   HORTA, Maurício. *Luxúria:* como ela mudou a história do mundo. São Paulo: LeYa, 2015. (Os sete pecados, v. 1.)

> **O DINHEIRO NÃO MUDA A PESSOA, APENAS POTENCIALIZA O QUE ELA DE FATO É.**

nitivas na forma como as pessoas se relacionam no mundo ocidental, mas essa definição e sua importância vêm se transformando e ganhando adendos no decorrer da história.

Consistindo, para alguns, no pecado capital mais tentador de toda a lista, a luxúria tem suas raízes entre muitos povos. Segundo a professora e pesquisadora Milena Fernandes Marinho, mesmo sob a sombra da Inquisição os primeiros colonos já se deliciavam com a liberdade sexual em pleno Novo Mundo. Ela relata que o espanto e o maravilhamento com as mulheres e o desejo que elas despertavam já constavam dos primeiros documentos escritos pelos portugueses em solo brasileiro.[2] Isso explica os relacionamentos que se dariam entre colonizadores europeus e nativas a partir daí.

Um dos empecilhos ao trabalho de catequização nessa época eram as práticas poligâmicas da população indígena e seus relacionamentos consanguíneos, como o casamento de chefes de tribos com suas sobrinhas. No século 16, por exemplo, os costumes europeus impunham uma vida ditada pelos poderes religiosos e seculares, em que os desejos deveriam ser refreados em prol da manutenção das regras sociais. Para controlar os hábitos dos cidadãos, usavam-se os textos de São Tomás de Aquino, os quais diziam que era preciso ordenar as paixões e o coito com o objetivo de manter um equilíbrio indispensável para a conservação da espécie humana.

---

2   MARANHÃO, Milena Fernandes. Os caminhos da luxúria. *Revista de História da Biblioteca Nacional,* Rio de Janeiro, ano 8, n. 93, p. 18-20, jun. 2013.

Ainda no século 16, a legislação vigente reforçava a punição para os crimes sexuais no sentido religioso do termo, entre eles a sodomia, o adultério e a bigamia, com punições que iam desde confisco total de bens, tortura, prisão, degredo até a morte, dependendo da condição social dos envolvidos.

O SEXO NA SOCIEDADE
COLONIAL ERA UMA
VÁLVULA DE ESCAPE ÀS
OPRESSORAS RELAÇÕES
INTERPESSOAIS, FOSSE
PARA MANTER O PODER
OU PARA SE LIBERTAR
DELE. AINDA HOJE, SE
OBSERVARMOS BEM,
CONSTATAMOS QUE
O SEXO É ELEMENTO
DE DOMINAÇÃO E
NEGOCIAÇÃO SOCIAL.

Acredita-se que a plena sexualidade humana não tem limites definidos, mas é construída por cada indivíduo a partir de suas experiências e de sua libido, e isso, por vezes, não pode ser caracterizado como pecado.

O desejo passional e egoísta por todo e qualquer tipo de prazer corporal e material, mesmo que não seja relacionado ao sexo (em especial quando esse desejo é mal administrado), contempla também outros tipos de prazer, como a superioridade, a comida e a bebida, que são, na verdade, outros pecados que têm o deleite como ponto de partida e que dominam o comportamento humano.

O LADO BOM DA LUXÚRIA

Ao enfrentar a luxúria, com sua necessidade constante e veemente de domínio e imposição, o ser humano é forçado a lidar com a própria personalidade para não sucumbir a esse desejo por poder e controle.

Ao mesmo tempo que um indivíduo identifica a necessidade de ser extremamente forte e autoconfiante para causar impacto por onde passa, é preciso que ele se conscientize de que não deve evitar a fraqueza, aprendendo a conviver com esse estado inerente ao ser humano, e que por isso não é um defeito.

A luxúria pode trazer um senso de autodomínio e também um movimento gerador de muitas realizações que, ao final, podem ser benéficas para um grupo ou mesmo para a sociedade.

O luxurioso deve lutar contra a ideia de que apenas os fortes são capazes de sobreviver neste mundo e de que ele é obrigado a sempre estar seguro de si, controlando as pessoas e as situações.

> **A LUXÚRIA PODE TRAZER UM SENSO DE AUTODOMÍNIO.**

É fundamental que as pessoas enfrentem o que faz mal a si mesmas e aos outros – como o narcisismo, a mania de controle, a insensibilidade, a agressividade, o egoísmo, o cinismo e a tirania – para que consigam ressaltar o que têm de melhor – a lealdade, o senso de proteção, a autoconfiança, o carinho e a facilidade em ser centrado.

Quem é dominado pela luxúria tende a abandonar o medo de ser controlado pelos demais, de ter que se proteger contra tudo e contra todos, de ser prejudicado e de encarar as situações com o pensamento de "é tudo ou nada".

Reconhecendo o que precisa ser melhorado, o indivíduo consegue enxergar as outras pessoas sob um novo ponto de vista: o de que elas não querem se aproveitar dele, mas ajudá-lo em seu crescimento, seja pessoal ou profissional, e que manter-se de coração aberto é um importante passo para que isso aconteça.

Todo e qualquer movimento de crescimento, expansão, realização, conquista e abundância, quando conta com a lucidez de propósito, leva a luxúria a um patamar motivador saudável, que torna o ser humano ousado e criativo em suas intenções.

EM UM MUNDO DE OPORTUNIDADES E CRESCIMENTO EXPONENCIAL, A LUXÚRIA PODE, SE BEM DOSADA, CONVERTER-SE EM ELEMENTO MOTIVADOR PODEROSO. É AQUELE SENTIDO QUE DESPERTA O DESEJO DE FAZER MAIS E MELHOR.

LIDANDO COM A LUXÚRIA

> **QUEM TEM UMA ATITUDE LUXURIOSA QUER VIVER A MAGIA DOS SENTIDOS.**

Esse sentimento é a exuberância dos sentidos, da sensualidade humana e da embriaguez do corpo e da alma em relação às sensações, sendo muitas vezes confundido com o pecado da gula, que também é um anseio primário, compulsivo e ávido na busca desmedida pelo prazer, sem levar em conta a sua qualidade.

Quem tem uma atitude luxuriosa quer viver a magia dos sentidos, ser livre para agir segundo seus mais tórridos desejos e não tem medo de que a falta de prazer seja uma constante, porque não será. O homem contemporâneo, com sua vida estressante, adquiriu o hábito de focar sua luxúria essencialmente nos planos visual e mental, por meio de fotografias, da televisão, de filmes e de livros, dissociando-a do nível físico, diferente dos povos gregos antigos que, em sua época, conheceram a liberdade de desfrutar a sensualidade como um todo, tanto na mente quanto no corpo.

A luxúria é sedutora e poderosa, e exatamente por isso sua natureza é egoísta e oposta ao amor em sua essência; quando esse sentimento é alimentado, o indivíduo pode ser conduzido à solidão, à insegurança, ao vazio e ao isolamento, e muitas vezes acaba se culpando por não conseguir se satisfazer com nada que não tanja ao corpo físico. Voltando mais uma vez ao legado de São Tomás de Aquino, a luxúria espelha as características que lhe são inerentes, como o amor exagerado por si mesmo, a cegueira da mente, o apego ao que é mundano, a precipitação, a inconstância, a irreflexão e o desespero diante da incerteza do futuro.

Um ato de luxúria quase sempre é realizado sem que as pessoas considerem as possíveis consequências de se entregar à total satisfação de seus desejos. Os desvios na conduta sexual de homens e mulheres se transformam em um problema quando são desmedidos e desregrados, atingindo sua integralidade como seres humanos. Por outro lado, é isso que pode levá-los a aprender a lidar com essa sensação da melhor forma possível, preservando-se sem reprimir o que for natural de ser experimentado.

Você também pode diminuir ou parar de procurar coisas, situações e pessoas que lhe despertem desejos incontroláveis; isso significa lidar com a raiz da questão e persistir para ser capaz de vencer as tentações. Reflita sobre o seguinte fato: à medida que você permite que seus desejos carnais determinem quem você é e a maneira como se relaciona consigo e com os outros, a luxúria passa a tomar conta da sua rotina, abalando seu autorrespeito e sua própria completude como ser humano. Enxergar as pessoas com olhos libidinosos o levará a agir pautado apenas pelo prazer, e não pela consciência de maturidade e pela convicção de é preciso tomar as decisões corretamente.

QUANDO ALGUÉM SE SENTE INCAPAZ DE RESISTIR AO DESEJO POR OUTRA PESSOA, OU POR VÁRIAS, É CHEGADO O MOMENTO DE SABER O QUE SE PODE FAZER PARA LUTAR CONTRA OS EXCESSOS DA LUXÚRIA, UMA VEZ QUE O PRAZER SEXUAL É UM SENTIMENTO SAUDÁVEL QUANDO EXPRESSO NATURALMENTE. O PRIMEIRO PASSO PARA ENFRENTAR ATITUDES LASCIVAS É TENTAR SUAVIZAR OU SUBSTITUIR OS PENSAMENTOS INICIAIS QUE O FAZEM AGIR SEM PENSAR, DEIXANDO-SE LEVAR PELAS PAIXÕES.

CONSCIÊNCIA SEXUAL

Tomar consciência de que o desejo sexual é algo natural e inerente ao ser humano é outra forma de enfrentar o domínio da luxúria. É bem verdade que você não precisa se sentir mal por suas necessidades em relação ao sexo, afinal, todo mundo as tem; o que deve atrair a sua atenção é a intensidade com que elas se manifestam e como seu corpo e sua mente reagem a elas.

Se alguém tem problemas em lidar com a luxúria, preparar-se para confrontá-la é uma ótima solução. Assim, a pessoa será capaz de perceber se está diante de fortes tentações e saberá reconhecê-las e como driblá-las, aprontando-se mental e fisicamente para isso. Focar outras coisas, desviando o olhar do que desperta a libertinagem, é uma boa maneira de desanuviar e distrair seus pensamentos enquanto ainda não tiver forças para resistir a todo tipo de tentação.

Qualquer pessoa está sujeita a cometer o pecado da luxúria; o que faz a diferença é justamente saber a maneira mais eficiente de lidar com esse sentimento; por exemplo, priorizar um passatempo saudável quando os estímulos sensuais surgirem sem pedir licença, ou ainda evitar determinada atitude, pessoa ou imagem quando já souber que elas provocarão pensamentos libidinosos e antever os seus efeitos.

A luxúria também pode estar relacionada especificamente a uma pessoa, vista como objeto de desejo e devoção. Nesse caso, uma dica importante é criar novas formas de interagir com essa pessoa, frequentar lugares diferentes e focá-la sob outro ponto de vista que não seja o do desejo excessivo, para que você consiga respeitá-la como ela merece. Se duas pessoas combinam espiritual, mental e fisicamente, e sabem como expressar esses sentimentos, não há por que temer a luxúria; afinal, se há uma verdadeira sintonia entre ambos, o desejo passa a ser natural, e não exacerbado.

TRANSCENDENDO A LUXÚRIA

Reconhecer que se tem um problema é o primeiro grande passo para resolvê-lo. Assim, quem é atormentado pela luxúria deve procurar ajuda com um especialista ou com seu conselheiro espiritual, para que se encontrem alternativas saudáveis e caminhos a serem seguidos rumo à felicidade e à realização.

Uma pessoa pode ser acometida pelo vício da compulsão por:
- compras ou perdularismo;
- sexo e orgias;
- comida e bebida;
- bens materiais;
- poder.

O vício leva ao consumo contínuo, e na luxúria não é diferente: "Quanto mais, melhor!", "Nunca tenho o suficiente". É como se a pessoa precisasse se entupir de algo para poder de alguma forma dizer: "Basta, não quero mais". Isso chega a ocorrer em certos casos.

Muitas pessoas precisam esgotar seus vícios para que a consciência lhes traga um novo padrão de olhar e viver. É certo que o custo desse esgotamento pode ser alto e até danificar a vida do próprio indivíduo, mas, algumas vezes, é um caminho autodeterminado, e enquanto a ânsia não se esgotar, ele não fechará seu ciclo. A questão é saber se é mesmo necessário esgotar-se ou não.

Estar vulnerável à luxúria é bem diferente de se render a ela. As tentações estão por toda parte, e só quem passa pela situação de conviver intimamente com uma série de pensamentos libidinosos e incontroláveis sabe como é difícil lidar com isso. Esse é um quadro que se origina nas fraquezas do indivíduo, que precisa enfrentar o que vem à sua mente para que os pensamentos não se extravasem livremente como uma explosão, o que pioraria, e muito, a convivência em sociedade.

O PENSAMENTO RETO

Os pensamentos se transformam em palavras, as palavras tomam forma de ações que, por sua vez, tornam-se hábitos; ou seja, a origem da luxúria está exatamente no que povoa a sua mente, no que você pensa e em como formula os desejos que são despertados interna e externamente.

Lidar com esses pensamentos é conseguir abandoná-los no instante em que aparecem, antes de permitir que eles assumam o controle e o levem a agir abusivamente. Portanto, um método que também se demonstra eficaz na superação da luxúria é trazer um forte pensamento reto que suprima o desejo imediatamente.

Quando uma pessoa é refém de um desejo viciante e incontrolável, esse anseio vem acompanhado de sentimento e de um conjunto de associações. A mente correlacionada começa a construir argumentos para que o desejo se autossustente. Nesse momento, somente uma forte intervenção mental pode tirar essa pessoa da direção do vício.

Há um campo de batalha dentro de cada um. Pensamento reto significa ter uma assertiva, uma conclusão imutável e determinística que põe fim a um tipo de conduta e nos redireciona imediatamente a um comportamento ou ação construtivos. É um gatilho de mudança.

Tomemos o exemplo de uma pessoa que está viciada compulsivamente em compras: ela entra em uma loja, experimenta um sapato e, mentalmente, decide comprar o mesmo modelo em todas as cores disponíveis, sendo que isso seria totalmente desnecessário. Então, nesse exato momento, antes de ela pedir para ver as outras cores, entra o pensamento reto e diz: "Chega, só vou comprar o necessário". Então ela tira o cartão de crédito e manda passar apenas um par.

O pensamento reto fez que a pessoa tomasse a ação corretiva imediata: comprasse apenas o necessário.

Quando alguém executa uma ação corretiva, o vício tende a ser anulado no mesmo instante e se obtém uma vitória interna. Sucessivas vitórias internas levam o indivíduo a uma sensação de poder sobre seus vícios e de maior lucidez.

> **O PENSAMENTO RETO DESENCADEIA UMA AÇÃO CORRETIVA IMEDIATA.**

NEGAR A LUXÚRIA NÃO É SOLUÇÃO

Negar a luxúria não é a melhor forma de lutar contra ela; devemos aceitá-la para, assim, identificar suas causas e suas consequências, os efeitos dessa sensação em quem a sente e nas pessoas ao seu redor. E se engana quem pensa que a luxúria está apenas no âmbito sexual; podemos enxergar sob sua ótica as relações no ambiente de trabalho, por exemplo, quando falamos do apego aos bens materiais e dos assédios nas corporações.

> NEGAR A LUXÚRIA NÃO É A MELHOR FORMA DE LUTAR CONTRA ELA.

Bernt Entschev, *headhunter* e criador de uma importante empresa de consultoria de recursos humanos, escreveu um artigo sobre a luxúria.[3] Por ser um dos pecados mais graves, ela também chega ao âmbito profissional, quando a posse de bens materiais e a ostentação das coisas que se possui assume a forma de uma postura de superioridade perante os colegas ou de vanglória por seu *status*, com o objetivo de se sobressair. Esse tipo de profissional luxurioso almeja o poder a qualquer custo, ostenta suas posições e, por isso, costuma perder o domínio sobre o que realmente tem nas mãos. Ambicionar excessivamente o crescimento e a promoção de cargos, exigir regalias, vantagens e benefícios para elevar o ego também são comportamentos que caracterizam a luxúria.

No caso dos assédios sexuais (uma infeliz prática, muito comum nos dias de hoje), a luxúria é a expressão máxima dos desejos carnais, e não mede as consequências. Uma vez que as relações de trabalho são intensas em razão da proximidade e do contato diário, alguns profissionais acabam confundindo esse tipo de convivência com um envolvimento mais íntimo e pessoal, originando

---

3 *Sete pecados no trabalho*: luxúria. Disponível em: <http://www.acervocbncuritiba.com.br/index.php?pag=noticia&id_noticia=28841&id_menu=142>.

péssimos atos luxuriosos. Por conseguinte, todo esse processo afeta tanto o desempenho como os resultados de pessoas e empresas, além de ferir os costumes e a moral, depreciando a imagem dos envolvidos.

COMO LIDAR COM UM PROFISSIONAL LUXURIOSO?

É inevitável encontrarmos pessoas luxuriosas, principalmente em ambientes organizacionais, que chamam muita atenção por causa da disputa pelo poder, por dinheiro, resultados, reconhecimento etc.

Veja o que você pode fazer para lidar com uma pessoa que cede à luxúria.

- Não dê asas à imaginação do outro, alimentando pensamentos e desejos por meio de brincadeiras; é por aí que tudo começa.
- Reaja normalmente diante de investidas exageradas, e isso provavelmente vai desarmá-las.
- Sempre que possível, evite deixar que atitudes libidinosas influenciem de forma direta o seu desempenho no trabalho, entendendo que quem age assim tem, na verdade, um desvio de conduta, e que você não tem nada a ver com tais episódios.
- Evite relacionamentos que passem de amizades; em algumas empresas e sob certas circunstâncias, essa pode ser a melhor opção.
- Não permita que o colega luxurioso ultrapasse os limites da normalidade e do respeito.

- Não tenha medo de denunciar um ato de abuso sexual ou moral; tais condutas não podem ficar impunes.
- Ao encontrar uma pessoa ambiciosa ao extremo, siga seus próprios princípios e evite a guerra pelo poder. Concentre-se em suas habilidades e em suas realizações.

Equilibrar os desejos e dominar a luxúria para alcançar a lucidez é entender que, a cada relação sexual que temos, misturamos nossa energia com a de outra pessoa. Ter domínio sobre si mesmo é decidir qual energia deve se misturar com a sua.

EXERCÍCIOS PARA TRAZER LUCIDEZ

1. Faça uma lista daquilo que o está consumindo: em uma escala de 0 a 100, quanto eu realmente preciso disso?
2. Projete-se visualmente saciando todos os seus desejos e se enxergue em um futuro totalmente satisfatório e compensador; em seguida, traga essa sensação para o presente. Repita a atividade quantas vezes forem necessárias.
3. Liste tudo o que você ambiciona, o que tem significado e valor para o seu mundo. Trace um plano para alcançar o que importa.
4. Faça um trabalho voluntário para exercitar a alma.
5. Permita que outras pessoas também se sobressaiam e progridam pessoal e profissionalmente. Faça isso sem sofrer.

CAPÍTULO 10

ORGULHO

DA ARROGÂNCIA À HUMILDADE

AFINAL, FORAM MUITOS ANOS DE ESTUDO, DESDE A GRADUAÇÃO, PASSANDO PELO MESTRADO ATÉ O DOUTORADO. COMO ESSA PESSOA PODERIA ME CONTRADIZER, SENDO ELA UMA SIMPLES INICIANTE?

ORGULHO: REALIZAÇÃO OU VAIDADE?

Ou o ser humano se sente realizado por algo que fez ou isso acaba deixando-o arrogante e soberbo. Esses dois sentimentos são facetas de um só vício: o orgulho.

As conotações do seu significado podem ser positivas ou negativas, dependendo das circunstâncias. A diferença está justamente no que a pessoa espera demonstrar e, mais do que isso, em como o orgulho se liga à personalidade e ao caráter de cada indivíduo.

Vamos entender o que é orgulho, quais as suas características e como lidar com esse sentimento dúbio, que pode fazer muito bem para o ser humano ou pode influenciá-lo de forma negativa.

O LUGAR DO ORGULHO

Com origem no espanhol (*orgullo*), no catalão (*orgull*) e no frâncico (*urgoli*), orgulho significa bravura, excelência, e representa um grande sentimento de satisfação pela capacidade de realizar e por algo que já foi feito com louvor, emprestando ao indivíduo um sentimento elevado de dignidade pessoal. O conceito negativo desse termo é inerente à língua portuguesa, que além da honra, também denota os sentimentos de arrogância, soberba, altivez, vaidade e pundonor, ou seja, um amor-próprio exagerado, que traz brio, é intenso e inevitável.

Quando dizemos que uma pessoa é orgulhosa, estamos nos referindo ao fato de que ela tem um conceito exacerbado de si mesma, o que a torna arrogante perante os demais. Agora, quando afirmamos que essa pessoa *está* orgulhosa, significa que ela se sente honrada por algo, satisfeita e realizada. A conotação positiva ou negativa vai depender totalmente do contexto que está sendo vivenciado e do tipo de sentimento envolvido.

O médico norte-americano Neil Nedley afirma que as características às quais devemos ficar atentos quando desejamos lutar contra o orgulho negativo são a necessidade de ser notado, a ânsia por atenção, a espera constante por elogios, a aversão à ideia de ser subordinado, a defesa exagerada de seus direitos pessoais, a não aceitação de críticas, o excesso de sensibilidade, acreditar que possui qualidades quando não as tem, a tendência de controlar as pessoas e o desejo maléfico de querer ser o mais importante em todos os grupos dos quais faz parte.

O orgulho se traduz, ao mesmo tempo, no sentimento de satisfação e nos princípios de valor e honra, podendo também estar relacionado ao comprazimento que sentimos por uma pessoa que estimamos; por outro lado, o orgulho pode representar um sentimento egoísta, a admiração pelo próprio mérito, o agir por meio de bravatas. Seu significado pode ser pejorativo quando demonstra um sentimento excessivo de contentamento a respeito de si mesmo, o que, na maioria das vezes, revela um desprezo em relação às outras pessoas.

Em sua conotação positiva, o orgulho tem um caráter nobre, que remete à humildade e à dignidade, além de revelar respeito pelo próximo. Nesse sentido, o orgulho está relacionado a valores morais e normas de conduta que uma pessoa segue e segundo as quais ela deseja viver de maneira plena. Esse sentimento se mani-

> **EM SUA CONOTAÇÃO POSITIVA, O ORGULHO TEM UM CARÁTER NOBRE, QUE REMETE À HUMILDADE E À DIGNIDADE, ALÉM DE REVELAR RESPEITO PELO PRÓXIMO.**

festa de forma positiva também quando reflete a satisfação de um indivíduo em assumir uma característica pessoal ou coletiva, como o orgulho LGBT e o orgulho negro.

A conotação negativa do orgulho, por sua vez, tem um sentido depreciativo, simbolizando uma atitude de entusiasmo excessivo em relação a si mesmo, exacerbando as próprias qualidades e ações, consideradas sempre corretas e mais inteligentes. Todo esse sentimento leva a pessoa à altivez, à vaidade e à soberba, somando-se a todos esses efeitos o desprezo com que ela pode passar a tratar todos ao seu redor. O orgulho, em sua faceta negativa, é uma valorização demasiada do eu que, por olhar apenas para si, conduz o indivíduo a não levar em consideração os desejos e as necessidades dos outros, excluindo a humildade de seus relacionamentos interpessoais.

A ARROGÂNCIA

Em sua lista dos "sete pecados capitais", São Tomás de Aquino relaciona o orgulho à vaidade e à soberba, considerando-o o pecado mais grave. Por meio de seus ensinamentos, São Tomás expressa que todos os pecados são um reflexo das experiências humanas acumuladas no decorrer da vida, e são capazes de atormentar o ser humano por serem fruto de desejos maléficos. Dentre os sete pecados, a soberba – antes tida como vaidade – ocupa um lugar de destaque, sendo chamada "a mãe dos pecados", uma vez que todos os outros da lista estão a ela relacionados. A soberba está intimamente ligada ao orgulho excessivo, conotação mais negativa desse sentimento, que faz um indivíduo se tornar exibicionista, buscar seu melhor desempenho a qualquer custo e não aceitar, em hipótese alguma, o fracasso. Nesse caso, o orgulhoso ou soberbo sempre almeja ser o centro das atenções, não se valorizando por aquilo que de fato é, mas por aquilo que deseja ser e alcançar.

Quando comparado aos outros pecados, a soberba se mostra o mais maléfico e perverso, por ser alimentado pela superioridade e pela arrogância, por fazer o indivíduo pensar que é mais importante, acima de tudo e de todos – o que, na verdade, pode estar encobrindo muitas fraquezas por trás da necessidade de autoafirmação. Santo Agostinho de Hipona escreveu que o princípio de todo pecado é o orgulho, que tem o "eu" como centro de tudo.

O orgulhoso excessivo é considerado, por quem convive com ele, um ser arrogante e egocêntrico, um indivíduo que desperta a raiva e a ira dos demais, alguém desprovido da razão que o levaria a entender seus limites, a ser comedido na busca pela perfeição, a agir da maneira certa e sem exageros.

SANTO AGOSTINHO AFIRMOU, INCLUSIVE, QUE A SOBERBA É UM DESEJO DISTORCIDO DE GRANDEZA, QUE PODE CEGAR O HOMEM.

Em paralelo, sabe-se que São Tomás de Aquino não queria incluir a soberba em sua lista por considerá-la um pecado tão grande que merecia atenção exclusiva. Para ele, se a busca da excelência humana é um bem valioso, a desordem e a distorção dessa procura significam a soberba, presente em todos os outros pecados, tida como a "rainha" e a raiz de todos eles. No mundo moderno, portanto, permite-se separar o orgulho da soberba por suas conotações positivas e negativas.

O orgulho de uma pessoa por seus próprios feitos é tido como um ato de justiça para consigo mesmo, um reconhecimento por ter conseguido realizar o que desejava. É também um sentimento benéfico para o próprio indivíduo, uma forma de se autoelogiar, de ganhar forças para evoluir, tanto individual quando coletivamente, à medida que segue seu caminho rumo a um projeto de vida amplo e vitorioso. Todavia, esse mesmo orgulho, se não trabalhado com a sabedoria necessária, pode tomar proporções exageradas e se transformar em ostentação e egoísmo.

Quando você superestima seus méritos e tem por si mesmo uma satisfação incondicional, acreditando que é melhor do que os outros e muito mais importante em qualquer situação, seu orgulho assume um caráter negativo e o faz pensar apenas em benefício próprio. Isso não significa que admirar seus méritos seja ruim, mas que tudo em excesso torna-se muito prejudicial, e esse sentimento atroz de contentamento fará você agir, mesmo sem perceber, com egoísmo, chegando a ponto de humilhar o próximo por ele ter ferido seu amor-próprio.

Muitos indivíduos encaram o erro como algo impensável, e não é fácil reconhecer as falhas cometidas; é uma tarefa dolorosa, ainda mais se vier acompanhada de uma repreensão. E o que será atingido em cheio? O orgulho! Ele distorce a sua percepção da realidade, a sua visão de que há algo errado, e quanto mais você negar os seus equívocos, mais será vítima do orgulho negativo, e caso não tome consciência de suas faltas, não terá a chance de se aperfeiçoar como ser humano.

O indivíduo que não é orgulhoso enxerga os benefícios em pedir ajuda sempre que necessário, pois é capaz de reconhecer suas deficiências por não ter medo de revelar suas fraquezas, de admitir que enfrenta problemas e que não tem condições de resolvê-los sozinho. O orgulho ruim induz a pessoa a não aceitar cargos hierarquicamente inferiores, a não respeitar o fato de que todos são iguais e, por isso, os outros têm as mesmas chances de ser tão sábios, inteligentes e capazes como ela. O orgulhoso teme que alguém desempenhe melhor as suas tarefas, não aceita depender de ninguém, se autovaloriza e não se permite aprender com as outras pessoas.

O DESAFIO SUTIL DO ORGULHO

É preciso destacar mais uma vez que não é errado ter orgulho de si; pelo contrário, você merece se valorizar e ser reconhecido pelo que é e faz, mas deve enxergar e aceitar que os outros têm o mesmo direito. Você pode (e deve) se sentir pleno e capaz, agindo sob seus próprios preceitos e se valorizando por seus méritos; o que não pode acontecer é permitir que esse orgulho positivo se transforme em algo prejudicial.

Em um mercado de trabalho cada vez mais competitivo e exponencial, o orgulho se faz presente mais do que imaginamos, afinal, todo profissional quer se sobressair em relação aos outros e ser reconhecido. Entretanto, o sucesso não depende do orgulho, mas da sabedoria para trabalhar em equipe, entendendo que cada um possui talentos e habilidades específicos que se complementam para que a vitória seja coletiva, e não individual.

Seguindo essa linha de raciocínio, o escritor Roberto Shinyashiki afirma que um profissional que tem orgulho do seu trabalho dá um grande passo rumo ao sucesso, e que esse sentimento, em qualquer circunstância, se expande para fora do âmbito profissional, chegando de forma positiva à sua família, aos amigos e às relações pessoais.

Shinyashiki[1] cita, ao escrever sobre o lado bom do orgulho, um episódio da vida de Abraham Lincoln, logo após ter sido eleito presidente dos Estados Unidos. Durante seu discurso, um espectador tentou constrangê-lo ao lembrar que, apesar de ter alcançado a presidência daquele país, Lincoln nunca deixaria de ser filho de um sapateiro. Como havia sido impossível derrotá-lo nas urnas, os senadores queriam humilhar o presidente eleito, mas não tiveram êxito; Lincoln tinha orgulho de sua conquista exatamente porque tinha orgulho de seu pai, considerando-o um exemplo de homem e de profissional, que havia lhe ensinado tudo que sabia.

Esse tipo de orgulho enobrece o ser humano, fazendo-o perceber, como diz Shinyashiki, que são as dificuldades ao longo da trajetória que movem os vencedores, os quais são gratos não só pelos obstáculos, mas principalmente por todos que pavimentaram seu caminho. Para esse autor, só é possível acreditar em sua própria capacidade de alcançar alguma meta quando se está aberto ao contínuo aprendizado e se tem orgulho do que faz e de quem se tem por perto, quando se está empenhado em tornar-se cada vez mais competente em seu trabalho, em sentir prazer ao realizar suas tarefas e ser grato pela ajuda que recebe dos colegas.

---

1 SHINYASHIKI, Roberto. *A revolução dos campeões*. São Paulo: Gente, 1995.

Passado
- Vitórias
- Conquistas
- Aprendizados
- Superações
- Aquisições
- Diplomas
- Reconhecimentos

Presente
- Passado maior que o futuro
- Autoafirmação
- Busca de valorização
- Nostalgia

Futuro

FIGURA 10.1 A CONSTRUÇÃO DO ORGULHO NÃO SAUDÁVEL

O orgulho se dá pela relação com o passado e com o futuro. Para algumas pessoas, o passado é maior que seu futuro. Nesse sentido, a autoafirmação, a nostalgia e a busca pela valorização são aspectos recorrentes nas conversas. Por outro lado, quando o futuro é maior que o passado, é comum sentir um orgulho saudável pelo caminho percorrido, considerando-o uma boa memória ou um estímulo para novos passos.

TRABALHE O ORGULHO A SEU FAVOR

Em sua conotação negativa, o orgulho é o oposto da humildade, colocando o indivíduo acima dos desejos e das realizações dos outros, e isso é bastante prejudicial. A humildade é uma das principais características do orgulho positivo, e não deve, em hipótese alguma, ser confundida com submissão, humilhação, incapacidade ou servidão. Sentir orgulho faz parte do ser humano. Devemos reconhecer que adquirir qualquer conhecimento é um ganho pessoal, e caso seja necessário obter ajuda de outra pessoa, essa tarefa fica ainda mais prazerosa. Ser humilde é ter a sabedoria de utilizar tudo o que se tem à disposição de modo racional, eficiente, solidário e amoroso. Lembrando que se deve encarar todas as falhas como grandes oportunidades para se tornar ainda melhor, tratando a si, aos seus semelhantes e a natureza com o respeito que merecem.

Ao contrário da fraqueza, da necessidade de autoafirmação e da arrogância do orgulho negativo, o orgulho positivo se torna determinante para a felicidade em todos os âmbitos, do familiar ao profissional. Sentir-se honrado e demonstrar a admiração por si mesmo é a confirmação natural de nossos sentimentos, de nossas conquistas e de nossas alegrias, e isso fará que você se sinta cada vez melhor e faça o bem ao próximo.

A preocupação com a própria condição só se torna ruim quando é excessiva, caracterizando o temido pecado do orgulho. Ainda assim, lidar com esse sentimento não é uma tarefa impossível, e só depende de você. Um bom ponto de partida é avaliar seus motivos para realizar algo, como estudar. Pare e pense nas razões que o levam a buscar outros conhecimentos: você quer aprender mais para evoluir e ajudar os outros ou estuda para acumular informações para si mesmo, só para dizer que sabe mais do que as outras pessoas? A partir desse questionamento você descobrirá o tipo de orgulho que o move, discernindo se, para atingir suas metas, seu foco está em si e em seu próprio sucesso – o que caracteriza a presença do orgulho negativo – ou se está em si e no próximo, enxergando o valor de ambos – o tipo de orgulho que certamente o fará chegar longe.

> **PREOCUPAR-SE CONSIGO MESMO É BENÉFICO.**

PARA LIDAR COM O ORGULHO, VOCÊ PRECISA ENCARÁ-LO COMO UM SENTIMENTO DE ADMIRAÇÃO POR SUAS PRÓPRIAS CONQUISTAS E POR SUA CAPACIDADE DE REALIZAÇÃO, ALGO QUE ENRIQUECERÁ SUAS RELAÇÕES SOCIAIS E VAI AJUDÁ-LO A ENCONTRAR O CAMINHO QUE O LEVARÁ AO SEU POTENCIAL MÁXIMO.

Para vencer o orgulho é preciso cultivar a humildade, tendo o cuidado para não se projetar sobre o outro; é necessário aceitar o fato de que, para que você seja feliz, os demais não precisam sucumbir e também podem ser felizes e plenos.

Quando você leva seus semelhantes em consideração, você se torna mais humano, e isso faz toda a diferença para quem deseja lidar com o orgulho. É preciso aceitar a sua fragilidade, a possibilidade de errar, de saber menos do que os outros. Enfrentar o orgulho é perceber que a sua força pode estar baseada em algo que não é verdadeiro e que, assim, está escondendo suas fraquezas e o afastando daqueles que lhe são próximos. Afinal, você precisa do orgulho em sua dimensão positiva para manter um amor-próprio adequado, para se valorizar como um ser humano capaz e para enxergar o valor das pessoas.

Para administrar seu orgulho você deve assumir seus erros, aceitar as críticas construtivas e considerar que as suas necessidades podem ir ao encontro das necessidades alheias. Esconder suas fragilidades só atrapalhará sua autoestima, assim como ficar guardando situações e sentimentos ruins que aconteceram no passado, que lhe fizeram mal, causaram raiva e decepção. Você deve ser autoconfiante, seguro de si e saber o seu valor, porém sem excessos, ou esses sentimentos só servirão para alimentar a sua amargura.

Para ser capaz de administrar o orgulho de maneira mais adequada e saudável, você deve ouvir sua voz interior, que o valoriza e permite ver suas virtudes, direcionando esse sentimento positivo para seu relacionamento consigo e com os outros. É difícil para

> **LIDAR COM O ORGULHO É NÃO ABRIR ESPAÇO PARA A ARROGÂNCIA, MUITO MENOS PARA A SOBERBA.**

todos nós, seres humanos, perceber nossos limites, mas conhecê-los é fundamental para que não sejamos egoístas nem arrogantes. O orgulho positivo anda de mãos dadas com a compreensão, com a aceitação do próximo e com a empatia.

BOMBA-RELÓGIO

Guardar rancores também é um passo em direção ao orgulho negativo, assim como ter complexos de superioridade e inferioridade, que o levam a se comparar com as pessoas, a querer ser melhor e alcançar a perfeição. Recalcar os sentimentos é uma forma de ser influenciado pelo passado. A cada dia construímos um novo passado; no entanto, essa construção está pautada em quê? Em querer mostrar o quê?

O propósito da construção de reputação pode ser uma bomba-relógio no futuro se for baseado na ambição de uma compensação emocional por algo que ocorreu no passado. A tentativa de ser melhor que o outro, quando em níveis não saudáveis, leva a pessoa a um nível de orgulho não saudável, representando assim uma bomba que pode explodir assim que o indivíduo alcançar o *status* que tanto almeja. Os efeitos podem ser vistos sob a forma de comentários em tons de superioridade, uma falsa humildade ou até mesmo em episódios de humilhação de terceiros.

O ORGULHO POSITIVO

As pessoas dotadas de orgulho positivo são boas no que fazem, mas não acham que isso as torna melhores nem mais importantes; elas gostam de agir corretamente, de cumprir suas tarefas com dedicação e responsabilidade e de pedir ajuda sempre que necessário.

O orgulho bom é um impulso para que a pessoa se torne uma inspiração, sem se esquecer de que os outros devem ser tratados de forma igual.

De acordo com uma pesquisa realizada pela Universidade Estadual de Ohio, citada em uma matéria do site *Lifehack*, crianças com idades entre 7 e 11 anos que são encorajadas pelos pais a acreditar que são melhores que as outras sofrem por desenvolver uma forte personalidade narcisista, diferente das crianças cuja autoestima elevada as faz crer que são tão boas quanto as demais.[2]

---

2   NARDIN, Bo. *Ten differences between pride and arrogance*. Disponível em: <http://www.lifehack.org/articles/communication/10-differences-between-pride-and-arrogance.html>.

QUEM TRAZ CONSIGO O ORGULHO POSITIVO TENTA FALAR COM SABEDORIA, A FAVOR DE SI E DO OUTRO, E BUSCA CONTROLAR SEUS PENSAMENTOS E NÃO SE DEIXAR LEVAR POR ELES.

Se você deseja trabalhar seu orgulho, precisa controlar as emoções para que sua paz interior se manifeste por onde você passar, e ter autocontrole é diferente de querer controlar as situações ou as pessoas. O domínio das emoções tem por objetivos o sentir-se bem e a sabedoria no agir e no falar. As pessoas com orgulho positivo, embora dependam altamente de si mesmas para alcançar o sucesso, estão preparadas para ouvir o que o outro tem a dizer, pois isso melhorará seu aprendizado. Alguns estudos comprovam que pessoas com esse tipo de orgulho possuem uma autoestima genuína que advém do seu autoconhecimento, de saber que são capazes e do controle de suas emoções.

Em um ambiente corporativo ou entre amigos, quem é positivamente orgulhoso não sente a necessidade de impressionar porque não está desesperado para chamar a atenção e sabe que sua presença já é suficiente para atrair o interesse dos outros. Esse indivíduo respeita a todos e está aberto a se relacionar com pessoas de diferentes perfis e personalidades, sem temer que alguém possa roubar sua posição justamente pelo fato de acreditar em si mesmo.

O AMOR FORTALECE O ORGULHO POSITIVO

Encontrar um equilíbrio entre o orgulho e o amor é outro desafio, pois muitas vezes esses dois sentimentos caminham juntos. O amor sem uma dose positiva de orgulho não passa de fraqueza e insegurança; sem o mínimo de amor-próprio – o que entendemos por orgulho –, uma pessoa não pode ser admirada nem amada. Mas o orgulho em excesso garante o desamor.

AO DESCOBRIR QUE SE COMETEU UM ERRO, A TAREFA FUNDAMENTAL PARA LIDAR COM O ORGULHO É NÃO TER MEDO DE ASSUMIR A FALHA E TENTAR CORRIGI-LA, TRANSFORMANDO O SENTIMENTO NEGATIVO EM POSITIVO.

O amor implica uma admiração pelo outro, e esse é um dos fatores que mais estimula os relacionamentos. Quando a admiração acaba, muitas vezes leva com ela até o tesão da relação. Amor e orgulho são como o feminino e o masculino: um se doa e o outro se preserva; um pensa além de si com abertura e entrega, o outro é focado em si mesmo.

> **O ORGULHO PODE ATUAR COMO UM FATOR DE EQUILÍBRIO DAS RELAÇÕES.**

O orgulho pode atuar como um fator de equilíbrio das relações, fazendo que as pessoas saiam de sua zona de conforto e continuem a encantar o outro a fim de estabelecer o comprometimento, e para isso o amor é fundamental.

É positivo sentir orgulho de algo ou de alguém quando esse sentimento está relacionado à dignidade pessoal, remetendo, assim, aos valores que cada um tem em relação a si, ao outro e às situações. Orgulhar-se tem a ver com sentir-se realizado e satisfeito, é uma atitude repleta de valor e de honra se assumida de modo positivo e saudável. Quem adota uma postura de dignidade tem um espírito elevado, é capaz de elogiar e apoiar os outros, e por isso trabalha seu orgulho da forma mais adequada.

No âmbito da psicologia, ter orgulho é adquirir mais qualidade de vida sob a perspectiva de que devemos trabalhar nossas habilidades sociais para nos relacionarmos assertivamente com nós mesmos e com as pessoas que nos rodeiam. O resultado desse processo será um grande aprendizado, uma vez que a nossa forma de ser e de viver se desenvolve em consonância com todo o conhecimento que adquirimos ao longo da nossa existência.

ESTAR EM SEU EIXO

Cesar Vasconcellos de Souza, médico psiquiatra e psicoterapeuta, afirma que a humildade, característica de quem possui o orgulho positivo, abre caminhos para que a pessoa ilumine a mente na direção da verdade, da paz, da serenidade e da produtividade, além de facilitar seus relacionamentos pessoais. Para ele, ser humilde é ser grande e, necessariamente, ser grande é ser humilde, e isso equivale a dizer que o homem humilde faz que as outras pessoas o admirem por aquilo que ele realmente é, e a consciência que ele tem de si mesmo trará a felicidade e o aprendizado para administrar as emoções e para reconhecê-las nos outros. Quem tem orgulho encontra motivação para atingir seus objetivos pessoais e profissionais com inteligência emocional.

Um indivíduo emocionalmente forte não implora por atenção porque é confiante e se sente confortável com sua maneira de agir; compartilha seus conhecimentos e ajuda o próximo; não permite que os outros o derrubem facilmente, cercando-se de energias positivas; não tem medo de amar e de ser feliz, muito menos de fazer as pessoas felizes; acredita sempre em si mesmo, com curiosidade, coragem e confiança; torna-se mais forte a cada decepção ou fracasso por reconhecer sua vulnerabilidade perante o mundo; não vê problemas em desacelerar para recuperar suas forças, analisar melhor as situações e descobrir as melhores atitudes a serem tomadas; diz "não" quando acha necessário, porque se concentra em suas prioridades; não recusa desafios, independentemente do grau de dificuldade; prioriza o equilíbrio entre a mente e o corpo; acredita que a felicidade envolve escolhas e que não há meios de fugir delas; e, por último, tem inteligência emocional e vive no presente, aproveitando a vida hoje, que é o instante que realmente importa.

Ser orgulhoso é sentir-se satisfeito por ter feito algo importante para si, mas que também tenha relevância na vida das outras pessoas. E para manter essa satisfação, estimular a vontade de superar os próprios limites é essencial.

SUPERANDO O ORGULHO NÃO SAUDÁVEL

Para superar o orgulho não saudável você deve identificar suas distorções cognitivas para reavaliar cada uma delas e corrigi-las. Isso diminuirá a necessidade de ser superior, agressivo ou arrogante. É muito importante, ainda, que você não tenha medo de se expressar, mesmo que magoe alguém ou a si mesmo, uma vez que guardar o que sente pode ser sufocante, e quando não conseguir mais segurar esses sentimentos, sua reação pode causar um mal muito maior para todos os envolvidos. Abandonar o orgulho negativo é como tirar um peso das costas, deixando de se reprimir e de se cercear em expressar uma beleza que é só sua, que vem de seu interior e que o torna uma pessoa tão especial.

TRABALHAR O ORGULHO É EXTRAIR DOS MOMENTOS DIFÍCEIS AS RESPOSTAS APROPRIADAS PARA O QUE PODE PREJUDICÁ-LO OU LEVÁ-LO A AGIR INADEQUADAMENTE COM OS OUTROS.

UM FUTURO MAIOR QUE O PASSADO

Quem deseja cultivar o orgulho positivo precisa fundamentar sua confiança em realizações e forças reais, olhando para si de forma crítica a fim de identificar o que precisa ser melhorado, o que ainda deve ser aprendido e o que deve ser excluído de sua mente e de suas atitudes. Ser você mesmo não significa se achar melhor que os outros; também não há como se orgulhar de si mesmo se não estiver sendo verdadeiro.

O orgulho saudável se baseia no fato de que o futuro de uma pessoa é maior que o seu passado, ou seja, ela admira a própria trajetória, mas continua olhando para a frente. Suas conversas são muito mais voltadas para o futuro do que para o passado.

É fundamental dosar o orgulho e a admiração por você mesmo, assim como saber se colocar perante os outros, que podem julgá-lo arrogante ou soberbo.

Elogie as pessoas com a mesma honestidade que você se elogia; isso demonstra respeito por si e pelo outro.

Encare a opinião alheia sempre positivamente, por mais negativa que seja; afinal,

> **O ORGULHO SAUDÁVEL SE BASEIA NO FATO DE QUE O FUTURO DE UMA PESSOA É MAIOR QUE O SEU PASSADO.**

ninguém tem o direito de mudar quem você é, principalmente se você se orgulha de seus valores e de sua importância.

Se você sentir orgulho de suas realizações e de sua essência, sempre estará feliz em encorajar o sucesso das outras pessoas.

Nunca deixe de manter seu futuro maior que seu passado, assim seu orgulho permanecerá ao seu lado de maneira saudável.

EXERCÍCIOS PARA A HUMILDADE

1. Experimente não falar muito de seus feitos em determinadas situações em que você gostaria de fazê-lo.
2. Dê espaço para que os outros falem de você, e sem se autopromover.
3. Anteveja um futuro de muita grandeza e perceba que tudo o que você fez no passado é menos importante do que aquilo que fará daí em diante.
4. Fale mais do futuro e do que pretende realizar.
5. Faça silêncio mais vezes. Ouça mais. Não conte tudo sobre você de uma só vez.

CAPÍTULO 11

PAZ

DA CALMA AO RITMO

EU ESTAVA SENTADO HAVIA HORAS DIANTE DAQUELA CACHOEIRA, UM SENTIMENTO DE CALMA E RELAXAMENTO BROTOU EM MIM, ENTÃO PUDE PERCEBER ALGO INCRÍVEL: AQUELA ÁGUA NÃO CESSAVA, ELA ERA CONTÍNUA, INTENSA E RITMADA.

PAZ: A TRANQUILIDADE QUE É O OBJETO DE DESEJO DA HUMANIDADE

A calma e a harmonia são objetivos de todo ser humano. E quem busca esse ideal quer, na verdade, encontrar a paz.

Esse é um dos sentimentos mais positivos do mundo (se não for o maior dentre eles), e quem busca a paz – seja a interior ou a do mundo exterior – vai ao encontro do que as pessoas têm a oferecer de melhor, dizendo não à violência, à guerra e aos conflitos.

JOGANDO LUZ SOBRE A PAZ

Vamos entender um pouco mais sobre o significado da paz em nossa vida e quais são os melhores caminhos para encontrá-la. Afinal, todos queremos senti-la, e o mundo precisa dela, em parte, para sobreviver.

Do latim *pax* e *pacis*, a paz é um estado completo e profundo de calmaria, no qual tudo está em harmonia; é um sentimento de tranquilidade, de concórdia e de sossego. Se uma pessoa ou um lugar, ambos em "movimento" na maior parte do tempo, estiverem em repouso ou em silêncio, pode-se dizer que estão em paz.

Quando não existem problemas com a violência, quando os países ou as pessoas não estão em guerra nem entraram em algum tipo de conflito, armado ou não, se não há hostilidade entre as nações, dizemos que reina a paz. Essa sensação também se faz presente quando os relacionamentos humanos transcorrem de maneira tranquila, estabelecendo acordos de amizade, e quando duas ou mais pessoas se reconciliam. Se isso acontecer consigo mesmo, ainda melhor, pois significa que você está em busca daquela tão almejada calma interior.

Uma pessoa que está em paz se encontra, mesmo que momentaneamente, em um estado de espírito imperturbável e inabalável. Há quem se mantenha nessa condição mesmo diante de uma tremenda confusão ou de uma terrível briga. A paz é algo interior.

Falando em países, estados e cidades, a paz não representa apenas a ausência da guerra, mas a garantia constante de moradia, comida, roupa, educação e saúde para a população, proporcionando a qualidade de vida que ela merece. Cuidar do ambiente em que se vive, lutando para que todos tenham água de qualidade, saneamento básico, condições de subsistência e ar puro é uma forma de paz.

No âmbito pessoal, para se aproximar desse estado de calmaria é preciso olhar para dentro de si a fim de encontrar a serenidade; é essencial que se viva com alegria e vivacidade, aproveitando todos os bons momentos que se apresentam, tendo força de vontade e dedicação para superar cada um dos obstáculos que surgirem e a certeza de que sempre é possível ser ainda mais feliz; é criar um clima de harmonia e bem-estar no ambiente familiar e na sociedade em que se vive, apoiando-se na espiritualidade e na fé para nunca deixar de acreditar que vale a pena seguir em frente. Onde há amor, existe paz, e se a paz prevalece, com certeza nada mais faltará.

Ter vontade de se unir aos outros e sentir satisfação ao fazê-lo são sentimentos que estão diretamente ligados a uma vida pacífica, tranquila e harmônica, para a qual todos os seres humanos vieram a este mundo. Desde os primórdios, a paz se faz indispensável e os povos a têm perseguido como objetivo. Na Idade Média, para sinalizar que um vilarejo ou um segmento social não queria travar uma batalha, uma bandeira branca era hasteada no lugar da bandeira local, simbolizando que essas pessoas estavam unidas em prol da paz ou que haviam se rendido ao desistir de lutar contra seu inimigo.

> A bandeira branca tornou-se um símbolo da paz, aliando seu significado ao da pomba de mesma cor, como relatado no Antigo Testamento, quando Noé soltou o animal logo após o dilúvio para que encontrasse, durante seu voo, algum local de terra firme. Quando retornou de sua missão, a pomba trouxe consigo um ramo de oliveira, indicando que tinha encontrado o continente. Esse episódio ficou conhecido também como o anúncio de que Deus havia cessado a guerra contra os homens.

Em 1958, o artista e *designer* britânico Gerald Holtom criou o símbolo que representaria, até os dias de hoje, a paz e o amor, sendo na época desenvolvido para a campanha britânica pelo desarmamento nuclear, cujo intuito era ser o maior movimento em prol da paz em todo o território europeu. Não só pela causa da paz em seu país, mas em razão do desespero que sentia nas pessoas que o cercavam, Holtom desenhou o emblema quando ainda se vivenciavam os efeitos da destruição total após a Segunda Guerra e o anúncio da corrida armamentista. Percebendo que sua criação poderia ser uma ferramenta poderosa de expressão, o artista utilizou as letras N e D no código homógrafo (originadas da expressão inglesa *nuclear disarmament*), envolveu-as em um círculo que representava o planeta e deu forma concreta ao seu desejo de que o desarmamento se tornasse, de fato, uma realidade. Mas, paradoxalmente, por mais positivo que fosse o seu ícone, Holtom enxergava nele também um sinal de agonia e desespero. Por esse e por outros motivos, ele não patenteou o símbolo, que acabou adotado pelos movimentos de contracultura dos anos 1960 nos Estados Unidos, pelos grupos que lutavam pelo fim do apartheid na África do Sul, e se tornou também o símbolo dos direitos civis e do combate contra a opressão e a tirania em todo o mundo.

A paz tem, ainda, outro símbolo popularmente conhecido como "V" de vitória, sinal formado com os dedos indicador e médio em riste, representando a letra inicial da palavra em vários idiomas, como *victory* em inglês, *victoria* em espanhol, *victoire* em francês e *vittoria* em italiano. O gesto, adotado por Winston Churchill após os triunfos aliados sobre as tropas alemãs durante a Segunda Guerra, foi usado fortemente pelos hippies em protestos e continua em voga até hoje.

Há cerca de 2 mil anos, os povos babilônicos comemoravam o início de seu calendário com a chegada da primavera e o reinício da vida. Já os romanos escolheram o primeiro dia de janeiro para iniciar seu ano, que se tornou conhecido como "Dia da Paz Mundial", oficializado em 1967 por um decreto do papa Paulo VI, passando a valer no ano seguinte como universal.

Já em 1968, ano marcado por guerras violentas, em especial a do Vietnã, o papa instituiu que em todo dia 1º de janeiro um assunto seria particularmente lembrado em seu discurso para tocar o coração e a sensibilidade das pessoas, tornando-as mais humanas e interessadas no bem comum e na paz entre todos. Desde a criação dessa data comemorativa, foram abordados temas como a solidariedade, os conflitos mundiais, a pobreza, a infância, a educação, os direitos humanos e o perdão, sempre buscando unir a moral e a espiritualidade dos indivíduos em prol da fraternidade.

A PAZ PARA O SER HUMANO E PARA O MUNDO

> **A PAZ É O ESTADO DE ESPÍRITO QUE NÃO ABRE ESPAÇO PARA A IRA.**

O estado de calma e tranquilidade, com ausência de perturbações e agitação, é, no plano individual, uma busca constante. A paz, para cada pessoa, é o estado de mansidão para o espírito, desprovido de ira, de desconfiança e de sentimentos negativos; é um lugar dentro de si onde o ser se encontra equilibrado e sereno; é um verdadeiro foco para a vida.

Em um mundo disruptivo e exponencial, encontrar a paz é um objetivo crítico para o ser humano encontrar seu próprio ritmo, e para isso é importante entender que ela não virá em um estalar de dedos, mas por meio de algumas premissas poderosas.

1. Desenvolver conexões e encontrar seu lugar no novo mundo.
2. Aprender a desaprender para tornar constante a aprendizagem.
3. Desenvolver criatividade, empatia e coragem para alcançar a paz e a interatividade em um mundo exponencial.

SETE TIPOS DE PAZ DOS AYMARA

Os índios Aymara, habitantes das margens do lago Titicaca, nos Andes, defendem que a paz possui sete diferentes tipos, listados a seguir.

- *A paz direcionada para dentro de cada um de nós é o primeiro tipo, e, sem ele, não é possível encontrar a paz interior para manter a saúde do corpo, a clareza da mente, a satisfação com o trabalho e a alegria de amar ao próximo.*
- *Em seguida temos a paz para cima, caracterizada pelo Deus que existe em cada pessoa, considerando o espírito dos antepassados, a conexão positiva com o mundo espiritual e com a metafísica da existência para alcançar a completude.*
- *O terceiro tipo de paz é aquele que aponta para a frente, visando colocar o passado diante de seus olhos para que seja conhecido, visto e vivido, em vez de deixá-lo enterrado. O objetivo principal é livrar-se de remorsos, culpas, dívidas e arrependimentos que ainda possam assombrá-lo, para se ficar verdadeiramente em paz.*
- *Em quarto lugar está a paz que se volta para trás, que tem a ver com o seu futuro, e consiste em não ter medo do que virá, não se apavorar com os desafios que terá de enfrentar, sem importar o tamanho dos obstáculos e dos problemas.*
- *O quinto tipo de paz aponta para o lado esquerdo, que faz referência aos seus entes queridos e tem como objetivo a*

paz familiar, resolvendo desavenças domésticas, disputas, queixas e descontentamento com seus parentes e amigos.
- *A paz para o lado direito envolve seus vizinhos, pois de nada adianta ter paz dentro de casa e, ao colocar o pé na rua, ser forçado a enfrentar as ameaças, as desavenças e o descontentamento que vêm da casa ao lado.*
- *O último tipo de paz, segundo os Aymara, é para baixo, relativa à terra que você cultiva e sobre a qual caminha, e de onde virá todo o seu sustento; entretanto, isso só ocorrerá se você estiver em tranquilidade, para não causar tempestades nem secas, o que desestabilizaria o chão que o sustenta.*

OUTROS TIPOS DE PAZ

Existem, ainda, outros quatro tipos de paz, internacionalmente aceitos.
1. A paz eterna: conceito elaborado pelo filósofo Immanuel Kant que, inspirado pelos ideais da Revolução Francesa, designou que a paz mundial seria obtida por intermédio de uma república única, com aspirações universais e pacíficas entre todos os povos.
2. A paz por meio da lei, também baseada no conceito de Kant, que sugere que a paz deve ser obtida ao se seguir uma legislação que regulamente as relações diplomáticas e os conflitos de interesse.
3. A paz pelo exercício da força, que surge quando uma pessoa, uma instituição ou o Estado se fortalece para desestimular qualquer tentativa de subversão.

4. A paz forçada pelo terror, quando nações ameaçam causar destruição com o uso de artefatos bélicos poderosos, como armas e bombas atômicas, a fim de desencorajar as agressões mútuas.

FORMAS DE SE OBTER A PAZ

Todos nós, como indivíduos e cidadãos do mundo, almejamos a paz em todas as instâncias, colocando-a como um sonho coletivo. O que não podemos esquecer é que a paz é o grande resultado de uma construção feita por pessoas, que integram comunidades, povos e diversos grupos. A paz depende de todos nós, e o sonho de se evitarem guerras e conflitos por preconceitos e disputas políticas ou religiosas é uma tarefa coletiva.

DE DENTRO PARA FORA

Para qualquer um que deseje alcançar a paz, é fundamental ter a consciência de que ela começa dentro de cada um de nós. A partir do momento em que externamos essa sensação de tranquilidade, contribuímos para a paz comum. Há quem diga que a paz é a ausência de barulho, mas essa é uma afirmação muito simplória. Diversas pessoas podem parecer calmas e silenciosas, mas carregam em si muitos ruídos que causam sofrimento e infelicidade.

A paz é tida como um estado de espírito

> A PAZ É UM ESTADO INTERIOR.

permanente, que não perturba o mundo e nem se deixa perturbar por ele, e que, para alcançá-la, a luta é diária: uma busca pelo autoconhecimento, uma reflexão sobre si e sobre os outros, sobre o que tira a sua calma e o que exercita o seu equilíbrio. Para se construir a paz é preciso olhar para dentro e para fora, semeando o bem por onde for por meio do diálogo, da troca de experiências e da luta contra as injustiças. Assim como fazem os líderes religiosos, é necessário conversar sobre as crenças, a importância da vida e o valor do ser humano, para que todos convivam melhor e caminhem juntos na mesma direção.

Nos países que já enfrentaram guerras e conflitos, sempre há um monumento em que se celebra o fim das disputas, para que as pessoas jamais esqueçam que elas aconteceram e foram superadas; todavia, o combate às causas da beligerância precisa ser constante, a partir da consciência de que a paz é um caminho saudável, positivo e glorioso.

A mudança de que o mundo precisa para alcançar a paz depende de cada indivíduo: quando uma pessoa muda seu comportamento, impacta tudo ao seu redor, uma vez que a paz não é um discurso estático, mas uma prática em constante movimento. A violência existe (e provavelmente nunca deixará de acontecer), mas o que fará a diferença será a maneira como o mundo lida com ela. Mahatma Gandhi afirma que não há caminho para a paz porque ela é o próprio caminho. É preciso, portanto, olhar para a frente todos os dias e tomar atitudes em prol desse tempo de tranquilidade que há de chegar.

A sociedade precisa aceitar que a violência da qual tanto se reclama, que acontece no mundo exterior, é um reflexo daquela que existe dentro de cada indivíduo, e que a mudança que esperamos começa exatamente aí.

PARE E PENSE: QUANDO VOCÊ COMEÇA A FAZER O BEM DENTRO DA SUA CASA, UM VIZINHO PERCEBERÁ E TAMBÉM PASSARÁ A FAZÊ-LO, OUTRO VIZINHO FARÁ O MESMO E ASSIM SUCESSIVAMENTE, ALASTRANDO O EFEITO POSITIVO PELA RUA, PELO BAIRRO E PELA CIDADE, COMO UMA CORRENTE. É NESSA ENXURRADA DE PENSAMENTOS E ATITUDES BOAS QUE A PAZ VÊ ESPAÇO PARA SE INSTALAR.

Esse tipo de postura é defendido pela monja budista Cohen, que sugere que passemos a observar nossa rotina e se ela alimenta ou sabota a paz, se nossos esforços estão empenhados no sentido correto e se nosso estilo de vida beneficia ou prejudica os demais, para que consigamos harmonizar nossos relacionamentos.

Veja o exemplo das mães palestinas e israelenses que se uniram para lutar pela paz, mesmo estando em lados opostos do conflito que as cerca. Elas fazem isso porque veem entre si um elo que as conecta em meio à guerra, que é justamente a dor pela perda de um ente querido.

ENCONTRANDO O RITMO E O FLUXO PELA PAZ

Inércia não é sinônimo de paz, é simplesmente ficar parado. Permanecer no mesmo lugar vai contra a ordem do universo, que é de movimento contínuo. Muitas pessoas confundem paz com estagnação e desejam uma inatividade completa em determinado momento da vida. Elas esperam que sua família fique em paz quando, na verdade, seus integrantes estão inertes e precisam de movimento! Não há dúvida de que há ocasiões em que parar, sentir e refletir são atitudes justificáveis e saudáveis; no entanto, permanecer em estado de inação é inútil, pois isso não é paz, mas estagnação. O universo é movimento em fluxo: para que o cosmos seja saudável, o indivíduo precisa ficar em paz com seu fluxo e com a maneira como lida com sua vida, que nem sempre é agradável e fácil. Portanto, se existe uma chave para a paz é permitir que ela dê fluxo e ritmo às pessoas de forma saudável.

Segundo a monja Cohen, reaprender a rir de si mesmo e das situações que provocam raiva é uma boa alternativa para lidar com as energias perversas e retomar o gosto pelo lado bom da vida, criando um fluxo positivo.

> **INÉRCIA NÃO É SINÔNIMO DE PAZ, É SIMPLESMENTE FICAR PARADO.**

Para construir a paz é essencial lembrar que as pessoas são humanas e precisam umas das outras para chegar a esse objetivo fundamental à sobrevivência de todos; e que só é possível ao homem encontrar a paz se já houver um estado de tranquilidade dentro de si.

O PERDÃO, JUNTO COM A RAIVA, OCUPAM LUGAR DE DESTAQUE NESSA PROCURA CONSTANTE, UMA VEZ QUE AMBOS SÃO CAPAZES DE PURIFICAR ENERGIAS E EMOÇÕES, FAZENDO-NOS VER O OUTRO COM BONS OLHOS, ENXERGANDO ALÉM DA AGRESSIVIDADE, DA INTOLERÂNCIA E DO ÓDIO, SENTIMENTOS QUE FAZEM PARTE DA NATUREZA HUMANA.

O diferencial está em identificar a melhor maneira de direcionar nossa agressividade para algo que seja positivo, sem ofender ou agredir todos os envolvidos.

Para o psicanalista Olivan Liger, perceber e vigiar os impulsos destrutivos ajuda o indivíduo a entendê-los e aceitá-los para, então, saber como melhorar e para onde direcionar o que lhe faz mal. Podemos elencar algumas possibilidades: a leitura, que vence a ignorância, abre horizontes e desperta a imaginação; a prática de algum esporte, que ajuda a descarregar as tensões do dia a dia e fortalece o amor-próprio e a autoconfiança; ou ainda a meditação, um momento de contato consigo mesmo para entender melhor o mundo por meio do silêncio e da pacificação espiritual, criando oportunidades de autoconhecimento, diálogo e convivência.

A FORÇA DO DIÁLOGO

O capacidade de diálogo é a virtude mais afetada em um momento de conflito, e essa qualidade é imprescindível para que os indivíduos convivam entre si.

Segundo o pensador americano Carl Rogers, indicado ao Nobel da Paz em 1987, a chamada consideração positiva incondicional é o agente que ajuda a vencer o dilema da falta de diálogo por representar a necessidade de escutar o outro em uma postura de aceitação plena, que não admite depreciação ou reprovação.

Vivemos um tempo em que ninguém se dispõe a escutar; todos querem falar, reclamar, exigir, sem ouvir o que o outro tem a dizer – e que talvez venha a enriquecê-lo bem mais do que se manter aferrado às próprias convicções. Abrir-se para novas experiências e dar chance às pessoas para também se expressarem faz uma diferença absurda em sua vida. É um aprendizado inestimável.

Quem se nega a ouvir seus semelhantes está rompendo com os princípios básicos de uma interação social, emocional e pessoal. Baruch Espinosa afirma que a paz não é a ausência de guerra, mas uma virtude, um estado mental e uma disposição para a bene-

> **PARA NOS RELACIONARMOS COM O MUNDO, PRECISAMOS SABER OUVIR.**

volência, para a confiança e para a justiça. O filósofo holandês defende que o ódio é um dos piores sentimentos e, por isso, deve ser evitado, uma vez que prejudica tanto o corpo como a mente.

No livro *O bom conflito*,[1] a psicóloga Maria Tereza Maldonado aconselha as pessoas a garantirem o tom pacífico de suas relações. Para conseguir tal feito, você deve, como já foi dito, aprender a ouvir, assegurando a flexibilidade necessária para focar os vários ângulos e pontos de vista de um problema e aumentar, dessa maneira, as chances de solucioná-lo. Além disso, a autora recomenda que você faça o possível para se expressar sem ofender o próximo, estabelecendo diálogos em tons agradáveis e amistosos, em vez de agir com arrogância e agressividade, o que só leva o ouvinte a reagir de forma defensiva contra o que você está dizendo. O importante é sempre se preocupar em atacar o problema que está sendo discutido e não a pessoa, para não acusá-la injustamente ou reclamar de forma errônea; a melhor alternativa é buscar um consenso, em que as opiniões de ambos os lados sejam levadas em consideração.

---

1 MALDONADO, M. T. *O bom conflito*: juntos buscaremos a solução. São Paulo: Integrare, 2008.

APRENDER A TOLERAR
AS DIFERENÇAS É UM
ÓTIMO EXERCÍCIO PARA
O CONVÍVIO HUMANO,
QUE INCLUI A ACEITAÇÃO
DA REALIDADE E DE QUE,
ALGUMAS VEZES, AS COISAS
NÃO ACONTECEM COMO
GOSTARÍAMOS.

> **APRENDER A TOLERAR AS DIFERENÇAS É UM ÓTIMO EXERCÍCIO PARA O CONVÍVIO HUMANO.**

Valorize o que é bom e ressalte as qualidades das pessoas, reconhecendo os méritos alheios e os seus próprios, sempre buscando ser gentil e humilde. Quando estiver com raiva, tente identificar o que a despertou, avaliando sua atuação perante os outros e diante das situações, principalmente ao enfrentar problemas e desafios inesperados, e fique atento se usa um tom negativo quando fala com alguém ou assume uma postura de superioridade.

A PAZ INTERIOR

A busca pela paz interior envolve escolhas conscientes, e a tranquilidade é uma grande consequência do nosso próprio empenho. O Dalai Lama escreveu diversos textos sobre esse tema, e em um deles fala sobre a busca pela paz interior e pela realização. Para o mestre budista, a paz interior está diretamente relacionada à tranquilidade mental do indivíduo, e não necessariamente às nossas experiências físicas. Para atingir esse real estado de calma, não basta adquirir conhecimentos e fazer nossas preces, mas também valorizar o aprendizado, ter plena consciência dos benefícios e malefícios de cada situação que vivemos durante a nossa trajetória em sociedade, para que a mente não seja perturbada por nossas ações ou pelas atitudes alheias. Se não enxergamos as consequências do que vivemos, existe uma falta de entendimento em nossa consciência, o que prejudica o encontro da paz pessoal: só quando compreendemos a verdade sobre determinada coisa é que avaliamos se ela é positiva ou negativa, se é edificante ou não, prejudicial ou benéfica.

O Dalai Lama diz ainda que abrir nossa mente aos outros é de extrema importância nessa busca pela paz de espírito e pela satisfação, uma vez que esses estados são motivados pelo foco centrado na felicidade plena. Em relação aos outros, se pensarmos somente em nós, a mente se tornará muito negativa e acabaremos desequilibrados; o contrário acontece quando levamos o próximo em consideração: nossa mente se abre e experimentamos a amplitude. Dessa forma, até mesmo os problemas mais graves parecerão menos significantes. Tudo vai depender do prisma sob o qual encaramos e julgamos os momentos.

A PAZ DE ESPÍRITO

Dois elementos são fundamentais para a paz de espírito.
1. A consciência da realidade, que nos protege das consequências inesperadas ou, pelo menos, de seus efeitos.
2. A compaixão, que abre aquilo que o Dalai Lama chama de "porta interna", afastando o medo e as suspeitas que nos isolam dos outros.

A preocupação excessiva com a aparência externa (tudo aquilo que os olhos podem ver, mas o coração não sente) nos faz perder a paz de espírito, já que nos conduz à preocupação com o julgamento alheio sobre quem nós somos. Não se preocupar com a aparência de modo supérfluo é colocar em primeiro lugar a compaixão, o altruísmo, a veracidade e a honestidade, consigo e com o outro.

O importante é aceitar que somos todos iguais, que cometemos erros e, por vezes, falhamos, mas também devemos lembrar quão especiais nós somos e que estamos destinados à felicidade e à tranquilidade.

A paz de espírito também está ligada a sentimentos negativos como ódio, raiva, medo, inveja, desconfiança e solidão; eles são primordiais para que você trabalhe seu interior a fim de estar preparado para alcançar esse estado de paz que tanto almeja.

Um sentimento leva a outro, mas o bem sempre deve prevalecer, pois ele é fruto de suas mudanças. Você deve transformar o ódio em amor, o medo em coragem, a raiva em alegria, a solidão em boas companhias, a desconfiança em confiança plena. Para que a mudança interna aconteça, acarretando uma transformação externa, é preciso que você exercite esse estado mental contrastante, ou seja, combata um pensamento negativo com o seu oposto.

A FORÇA DO SILÊNCIO

Há quem diga que a paz é fruto do silêncio, mas isso não significa que apenas quando um ambiente agitado se aquieta ele fica tranquilo; o mesmo acontece dentro de nós. O silêncio é uma experiência, um lugar de encontro, um sentimento revolucionário, uma vez que é preciso silenciar para poder ouvir tanto a voz interior como todas as vozes que vêm de fora. O silêncio traz a saúde física e mental, afasta a dispersão e favorece o foco. A partir dele, você conseguirá se sentir em paz e transmitir esse estado a todos que o rodeiam. Um famoso ditado árabe diz que é melhor não abrir a boca se o que você tem a dizer não for mais belo que o silêncio.

O silêncio sempre foi apreciado pelos monges porque, além de possuir um valor intrínseco, ele permite uma abertura para a plenitude que se esconde por trás das palavras; o silêncio é feito de preparação e expectativa, e é bem verdade que, quando estamos diante de algo muito importante ou de uma triste perda, ficamos sem fala. Afinal, o não dito, por vezes, é muito mais poderoso do que as palavras expressas em alto e bom som.

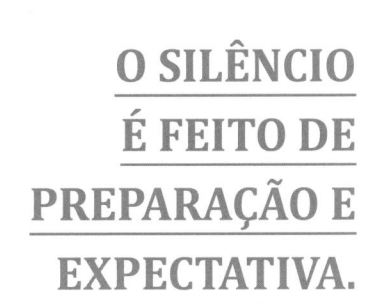

> O SILÊNCIO É FEITO DE PREPARAÇÃO E EXPECTATIVA.

PAZ COMO UMA ESPIRAL DE CRESCIMENTO

O processo de aprimoramento humano não tem fim, e todos os dias nós aprendemos, sofremos e vivenciamos novas coisas, travando uma guerra contra o nosso ego – um dos maiores inimigos de nossa paz interior. Pode parecer contraditório, mas a verdadeira paz nasce na guerra. Lembremos a música "A Paz", de Gilberto Gil, que enaltece esse estado de espírito em oposição ao que nos conflita e nos atormenta, e exalta-o como caminho para mudar o mundo:

A paz invadiu o meu coração
De repente me encheu de paz
Como se o vento de um tufão
Arrancasse os meus pés do chão
Onde eu já não me enterro mais

A paz fez o mar da revolução
Invadir meu destino
A paz como aquela grande explosão
De uma bomba sobre o Japão
Fez nascer um Japão na paz

Eu pensei em mim
Eu pensei em ti
Eu chorei por nós
Que contradição
Só a guerra faz nosso amor em paz

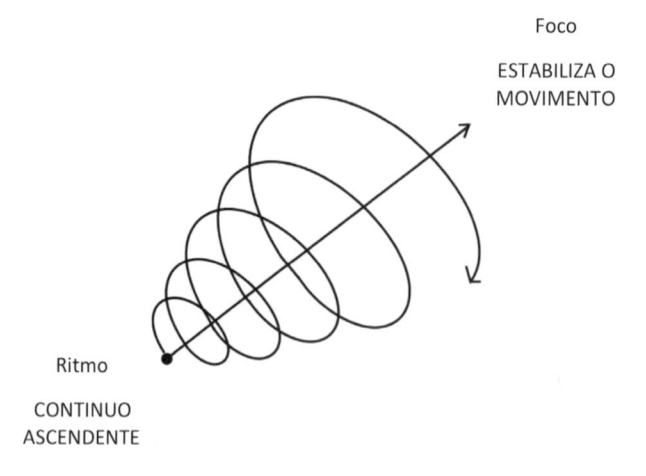

Foco
ESTABILIZA O MOVIMENTO

Ritmo
CONTINUO ASCENDENTE

Figura 11.1 Fluxo da paz

Cada momento é um novo ponto de partida quando o foco está ao alcance. O foco estável nos dá a condição de encontrar o ritmo necessário para usar nossas energias em um movimento espiral, ou seja, girando na roda da aprendizagem.

O PODER DA RESPIRAÇÃO

A respiração é um recurso essencial no processo de mudança. Ela é responsável pelo fluxo e pelo movimento de nossos campos corporificados, e também por nossa expressão emocional.

Mas como abrir o corpo para que o fluxo da respiração possa permeá-lo?

Nosso corpo é feito de dutos por onde as energias fluem. Ao inspirarmos, trazemos com o ar a energia de fora, e quando expiramos pela boca, podemos direcioná-la para a mente.

Em regra, o fluxo de energia começa no topo e tem direção descendente, circulando pelo corpo como no diagrama a seguir.

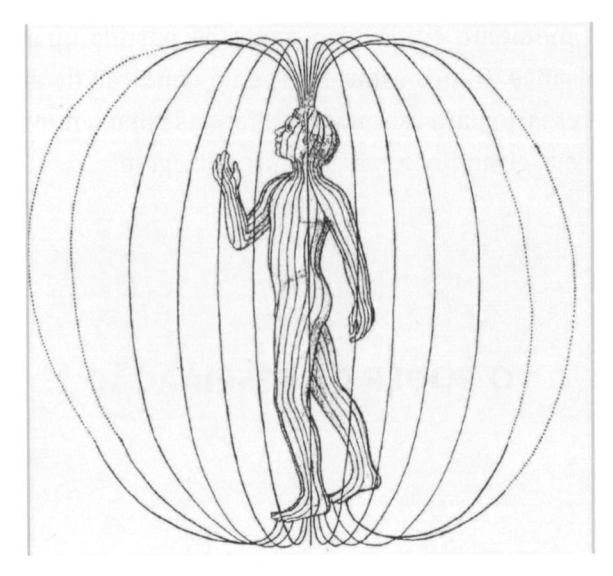

Figura 11.2 A energia toroidal

Nossa respiração começa com uma inspiração, que representa tomar força, fôlego, como se tivéssemos que enfrentar algo. Ao trazer o ar para os pulmões, contraímos o corpo e isso nos enrijece.

Quando o movimento toma o sentido contrário, ou seja, nos concentramos em expirar, podemos perceber o relaxamento do corpo e de todas as suas estruturas.

Durante anos venho praticando com os participantes de meus programas de imersão um exercício de inspiração e expiração que chamo de "respiração de soltar".

Segue um roteiro de como você pode se beneficiar utilizando essa prática.

RESPIRAÇÃO DE SOLTAR

Encontre uma posição confortável em um lugar onde você não seja incomodado.

Concentre-se apenas no fluxo de entrada e de saída do ar.

Sua única preocupação deve ser sua respiração.

Foque, então, apenas a saída do ar. Faça um movimento com todo o corpo, como se a cada expiração você relaxasse. Permita a saída de um leve som por sua boca, como um "Ahhh".

Expulse o ar de seu corpo com mais intensidade do que quando o inspirou. Imagine que o volume de ar que sai representa toda a sua tensão, libere-o bem devagar.

Concentre-se em deixar que tudo aquilo que não serve mais para você saia com sua expiração. Não tente classificar esses elementos; liberte-se de todos, mesmo que não saiba quais são.

Devemos lembrar que constantemente recebemos, aceitamos e assimilamos diversos implantes (descritos em profundidade no Capítulo 3). O foco na respiração livre permite a abertura do corpo para um novo estado de cura e fluidez, que facilita o desprendimento dos elementos negativos e, com eles, os campos de energia que já não servem mais.

EXERCÍCIOS PARA TER RITMO

1. Ao ouvir uma pessoa, avalie e interprete as suas palavras antes de reagir e responder.
2. Estabeleça metas e prazos diante de testemunhas. Isso lhe dará responsabilidade e proporcionará ritmo ao movimento.
3. Analise seus altos e baixos; em seguida, conclua se vale a pena continuar ou parar.
4. Aceite que alguns conflitos são úteis.
5. Visualize uma cachoeira e permita que seu corpo sinta a força do movimento constante.

CAPÍTULO 12

PODER

DA FORÇA À AUTORIDADE

VOCÊ TEM DUAS ALTERNATIVAS: FAZER SUAS TAREFAS POR BEM OU FAZÊ-LAS POR MAL. QUERENDO OU NÃO, JÁ ADIANTO QUE FARÁ O DEVER DE CASA AGORA; CASO CONTRÁRIO, DIGA ADEUS ÀS SUAS REGALIAS.

PODER: SIGNIFICADO E AMPLITUDE

Exercer autoridade sobre os outros, ser soberano perante a sociedade, mandar em diversas pessoas: quem tem o poder nas mãos busca cada vez mais controle.

O poder é um tema polêmico, principalmente nos dias de hoje, quando quem o detém é capaz de exercê-lo arbitrariamente, coagindo e mandando nas pessoas, seja no ambiente de trabalho ou no convívio pessoal. Porém, é possível que essas relações de poder tenham consequências complexas, ainda mais quando se identifica o abuso por parte de seu detentor.

Vamos falar sobre o poder em sua essência, os tipos existentes e como ele é capaz transformar a personalidade dos indivíduos de acordo com a dimensão e o alcance de sua autoridade.

DESVENDANDO O PODER

A palavra poder tem origem no latim, nos termos *potere* e *potis*, que significam ser capaz e potente. E com essa denotação o poder atravessa a história da humanidade desde os seus primórdios, quando a ideia de dominação passou a seduzir grande parte das pessoas que se relacionavam e estabeleciam grupos, visando ao monopólio econômico, militar ou de qualquer outra natureza. Em sua essência, o poder é a capacidade de deliberar de forma arbitrária para se atingir um objetivo ou para controlar uma situação ou alguém, investindo de autoridade quem o detém e tornando a sua vontade soberana e impositiva.

Em paralelo a esse significado, atribui-se ao termo a noção de ter a capacidade de realizar algo. Da pré-história até os dias atuais, o poder vem ganhando força no contexto social e desperta o interesse de diversos pensadores e filósofos, que lançaram definições mais específicas para a questão. O poder surgiu, mesmo como a mais rudimentar ação, de uma forma natural em todas as sociedades humanas, sejam elas civilizadas, bárbaras ou selvagens. Os povos primitivos, por exemplo, viviam em constante estado de luta entre si e contra a própria natureza; em seu mundo, quem possuísse maior autoridade sobreviveria e asseguraria a ordem e a segurança.

Começando pelo contexto filosófico, Thomas Hobbes (1588-1679) trouxe sua perspectiva de que o poder sempre é exercido pelo indivíduo mais forte do Estado de Direito. A ideia de poder compartilhado por todos é, na realidade, ilusória, pois a autoridade do mais poderoso vai prevalecer. De acordo com Hobbes, "o homem é o lobo do próprio homem", o que indica sua personalidade egoísta e insegura. Por isso encontramos dificuldade em viver em cooperação natural, como fazem os outros animais. O homem, por ser movido por suas paixões e raramente por sua razão natural de ser, é desconhecedor do real conceito de justiça e faz acordos entre seus semelhantes de maneira artificial, somente aderindo a uma estrutura social quando vê que sua vida está ameaçada.

Para a filósofa e cientista política alemã naturalizada norte-americana Hannah Arendt (1906-1975), o poder é resultado da capacidade do ser humano não somente de agir ou fazer algo, mas também de se unir aos outros e atuar em concordância com os demais, guiado pelo entendimento recíproco e não focando o próprio sucesso. Para ela, o poder é sempre relacional, ou seja, implica necessariamente a existência de duas ou mais pessoas para que seja exercido, como acontece na política moderna, que pressupõe a legitimação do poder dentro das regras preexistentes.

Ainda segundo Arendt, o poder tem sua origem nas experiências de trocas linguísticas estabelecidas entre pessoas que se atribuem igual dignidade e racionalidade, e tem sua validade enraizada na forma da verdade e da sinceridade. Isso pode se manifestar nos ordenamentos da liberdade política, na resistência contra as forças que ameaçam essa liberdade e nos atos revolucionários que inauguram novas instituições de liberdade.

O filósofo, historiador e teórico social Michel Foucault (1926-1984) defende o poder como sendo muito mais uma estratégia do que uma propriedade, e a sua teoria trata de um conjunto de regras metodológicas a partir do qual se podem formular hipóteses de abordagem sobre esse fenômeno. Foucault estava bastante interessado no modo como se exerce poder, e não em seu conceito propriamente dito. Para o pensador francês, a capacidade de mandar e agir sobre alguém é produtiva enquanto for produto do conhecimento, do saber, e só pode ser legitimada mediante a produção da verdade, que julga, condena, classifica, obriga e coage.

Por sua vez, o também filósofo Jean-Jacques Rousseau (1712-1778) tem uma visão mais antagônica do poder, julgando que a civilização é responsável por corromper as relações humanas, violentando a humanidade originalmente composta pelos "bons selvagens". Para Rousseau, a expressão "bom selvagem" simboliza a capacidade mortificante da vida social para o indivíduo, que nasce livre e igual aos demais, porém, o contato com a civilização o priva de tal liberdade e acaba com a igualdade que existia anteriormente.

Entrando no âmbito da sociologia, o poder geralmente é definido como a habilidade de um indivíduo ou de um grupo de impor a sua vontade sobre os outros, mesmo que estes resistam a ela.

DO PONTO DE VISTA SOCIOLÓGICO, HÁ DIFERENTES TIPOS DE PODER, DENTRE ELES O SOCIAL, O ECONÔMICO, O MILITAR, O COERCITIVO E O IDEOLÓGICO.

Dessa perspectiva, o intelectual alemão Max Weber (1864-1920) definiu o poder como sendo toda a chance, seja ela qual for, de impor a própria vontade dentro de uma relação social, mesmo que os envolvidos se mostrem relutantes. Para Weber, isso envolveria a probabilidade de um determinado comando com um conteúdo específico a ser obedecido por um certo grupo.

Ainda no contexto sociológico, Pierre Bourdieu (1930-2002) foi um pensador que se preocupou com o poder simbólico, descrevendo-o como uma influência invisível que só pode ser exercida com a cumplicidade de quem está sujeito a ela, bem como dos que a exercem. Bourdieu afirma, ainda, em sua busca por explicitar as relações de domínio na realidade social, que a existência simbólica do poder se deve ao fato de que as classes dominantes são beneficiárias de um capital também simbólico, disseminado e reproduzido por meio de instituições e práticas sociais. Isso possibilita o exercício do poder nas sociedades capitalistas.

Tendo como exemplo o ambiente corporativo, no qual a relação hierárquica está muito presente, o poder pode se caracterizar pelo abuso da autoridade, quando um profissional usa sua posição privilegiada para persuadir as pessoas com o objetivo de atingir suas metas na empresa. Nesses casos, encontramos o tipo coercitivo de poder, cuja base é a prerrogativa da punição e a crença de que essa deve ser uma ameaça constante para quem quer se estabelecer e espera não ser demitido. As relações de poder, na maioria das vezes, interferem negativamente no trabalho e na produtividade, pois acabam intimidando e gerando conflitos entre os níveis hierárquicos, reflexo da centralização do poder nas mãos de poucos e do sentimento de insatisfação da grande maioria, que não percebe uma perspectiva de crescimento.

OS PRINCIPAIS TIPOS DE PODER EXTERNOS

É importante ressaltar aqui os três tipos de poder que mais influenciam a sociedade em que vivemos: o econômico, o político e o ideológico.

Comecemos pelo poder econômico, que é conceituado, segundo o professor Fábio Nusdeo,[1] como a capacidade de uma pessoa ou entidade poder tomar decisões descondicionadas de um padrão de mercado e às quais outros terão de se submeter; ainda sob a visão de Max Weber, citado anteriormente, esse tipo de poder é resultante da concentração de forças econômicas que impõem sua própria vontade ao comportamento das pessoas.

O poder econômico advém de uma situação de escassez de algo considerado como um bem necessário – água, por exemplo –, e seu detentor passa a ser quem possui esse determinado bem em abundância, transformando o recurso em garantia econômica ou em força de trabalho.

O poder político, por sua vez, está atrelado às relações humanas em sociedade e à mediação de conflitos que têm origem nessas mesmas relações. Esse tipo de poder envolve a capacidade coercitiva do Estado efetivada por seu grupo dirigente com o objetivo de garantir o bem público. Nesse sentido, o Estado é a única entidade que possui o poder genuíno de lançar mão do uso da força como forma de intervenção, desde que necessária e no limite de suas atribuições. Nas democracias, o poder político deve repre-

---

1 *Curso de economia*: introdução ao direito econômico. 9 ed. São Paulo: RT, 2015.

sentar a vontade da maioria e em seu nome ser exercido por governantes livremente escolhidos.

Em uma de suas inúmeras interpretações, o poder político é descrito como a capacidade de influenciar as ações dos sujeitos que estão inseridos em contexto social por meio das regulações dos espaços. Seu intuito é manter a ordem, assegurar a defesa e promover o bem-estar da sociedade em prol do bem coletivo.

O poder ideológico é aquele que, por estar inserido no padrão comportamental de cada indivíduo, está presente em nossa convivência diária. Todo ser humano possui um ideal de vida, de convívio e de solução de suas necessidades. É nessa esfera que atuam as correntes de pensamento, que exercem uma forte influência quando alinhadas às aspirações pessoais e sociais.

A mídia é uma notória fonte desse poder, por ter ascendência sobre as pessoas e assumir um papel fundamental na formação da opinião pública e na difusão de ideologias em uma sociedade.

Outra representação do poder ideológico são os governos autoritários, tanto de esquerda quanto de direita. Essas lideranças impõem suas ideias e as disseminam a fim de assegurar opiniões que lhes sejam favoráveis e a manutenção de seu *status quo*.

Governos totalitários de direita usam discursos que enaltecem o papel do Estado como guardião da moral e protetor do indivíduo. São regimes que se estabelecem por longos períodos, seja com um único governante ou por meio de líderes sucessivos que controlam o poder. Combatem violentamente a tudo e a todos, de forma evidente ou velada, utilizando o medo como instrumento de preservação do Estado e de seus integrantes.

Por seu lado, os governos totalitários de esquerda não são muito diferentes dos de direita quando se trata de violência, mas utilizam outros meios para chegar ao poder. Com seu discurso de ódio, inflamam a luta de classes e dividem a sociedade; implantam seu ideário infiltrando partidários em ambientes de ensino, cooptando funcionários públicos, financiando ONGs, sindicatos e movimentos sociais que, muitas vezes, são apenas braços do Estado para avanços contra supostos inimigos. Esses governos, quando se instalam, dominam durante anos até que a questão ideológica se reduza à mera retórica de um efetivo projeto de poder.

Ambos os regimes lançam mão de diversos meios para alcançar e permanecer no poder. O ponto de convergência básico em ambas as vertentes totalitárias é o campo do ideal de vida.

Quando uma sociedade é mal informada, está sujeita a governos corruptos ou totalitários que se erguem graças a uma ideologia apropriada para aquela cultura e momento histórico.

> **O PODER PROVÉM DO TIPO DE PERSONALIDADE A QUEM SE ATRIBUI, À EXISTÊNCIA DA PROPRIEDADE E A SEUS ESTÍMULOS CAUSADORES.**

O poder provém do tipo de personalidade a quem se atribui, à existência da propriedade e a seus estímulos causadores. E ainda que tenha seu lado negativo, o poder é importante e necessário para que as conquistas sociais sejam alcançadas e perpetuadas, e para que exista uma ordem dentro das relações humanas, tanto interpessoais quanto nas organizações.

Dentre os demais tipos de poder, vale destacar também o utilitário (que se refere ao dinheiro como forma de recompensa ou de presente a algo que foi feito) e o normativo (um tipo sutil de autoridade que leva o indivíduo a fazer alguma coisa para ser reconhecido e se sentir bem).

Por ser determinado por uma vontade, o poder tem atributos pessoais e não coletivos, e mesmo quando grupos se organizam para lutar em favor de um objetivo comum, o poder de cada um de seus membros prevalece de acordo com a vontade e a personalidade individual. O poder dos grupos é considerado efêmero, inconstante e disperso, exatamente porque as pessoas pensam e agem de modo distinto; ele influencia cada indivíduo de maneira diferente, ainda que seja um poder objetivo, porém experimentando dificuldades para conseguir influenciar os outros, bem como pessoas bastante proativas são vistas como mais poderosas do que realmente podem ser.

O PODER EM PERSPECTIVA

Max Weber[2] dividia o poder em três grupos distintos:
A. O poder tradicional, no qual segue-se a linha clássica de liderança e dos níveis hierárquicos, observando o princípio da hereditariedade.
B. O poder legal, com regulamentos que determinam quem chegará ao poder.
C. O poder carismático, que literalmente está relacionado com a personalidade fascinante do líder, capaz de seduzir seus subordinados.

O poder é relacional por envolver vários seres humanos que se relacionam entre si, e um de seus grandes problemas é a amplitude da dominação que um exerce sobre o outro, além da intensidade e das consequências dessa supremacia. Se, por exemplo, ana-

---

2   *Economia e sociedade*: fundamentos da sociologia compreensiva. Brasília, DF: Editora UnB; São Paulo: Imesp, 1999.

lisamos um relacionamento amoroso, os parceiros se influenciam mutuamente em várias situações do cotidiano; em outro caso, se o relacionamento envolver dinheiro, como em uma disputa por recursos, quem possuir os bens mais valiosos está acima de quem detém os bens menos necessários.

Seguindo essa lógica, o indivíduo mais poderoso tem menos a perder dentro de uma relação, independentemente de sua natureza ou dos parâmetros nos quais ela se encaixa. Isso mostra que a parte submissa exerce menos ou nenhum poder sobre o indivíduo dominante, e está em desvantagem no grau de poder relacional. De acordo com o princípio da prerrogativa, quem tem mais poder dita as regras e pode até quebrá-las, o que inclui violar e burlar as normas relacionais, além de gerenciar suas interações, resultando em consequências menores do que se tais ações fossem cometidas por quem tem menos poder. Tudo isso reforça a questão da dependência existente entre as duas polaridades de uma relação, até mesmo no que tange às interações verbais e não verbais, sendo que a pessoa com mais poder tem, consequentemente, mais voz ativa.

As chamadas táticas de poder, que consistem nas práticas de influência exercidas por um indivíduo para alcançar seus objetivos, transformam as bases de dominação em ações específicas. Quem detém o controle é capaz de utilizar ferramentas para exercer sua autoridade sobre os subordinados, como acontece nas empresas; entretanto, essas ferramentas também têm funcionalidades nas relações políticas, no ambiente familiar e em outros lugares onde o poder impera de forma efetiva. Tais táticas foram avaliadas pelos estudiosos Kipnis, Schmidt, Swaffin-Smith e Wilkinson[3] quando analisaram o

---

3   KIPNIS, D.; SCHMIDT, S. M.; SWAFFIN-SMITH, C.; WILKINSON, I. Patterns of managerial influence: shotgun managers, tacticians, and bystanders. *Organizational Dynamics*, v. 12, n. 3, p. 58-67, Winter 1984.

comportamento de diversos administradores para identificar as diferentes formas como exercem sua superioridade.

A partir desse estudo, que se tornou um clássico sobre o tema, descobriu-se que existem sete estratégias mais representativas para que os gestores influenciem seus colaboradores, contribuindo diretamente para as tomadas de decisões e para o desenvolvimento das organizações. As táticas identificadas foram:

Razão: utilizar dados empíricos para dar embasamento a seus argumentos.

Amabilidade: utilizar sua influência por meio da postura relacional com seus subordinados, tratando-os com humildade, tecendo elogios e tornando o clima agradável.

Coalizão: usar o apoio dos integrantes de seus grupos para sustentar uma imagem de líder.

Barganha: negociação é a palavra-chave para se conseguir a troca de benefícios e apoio.

Afirmação: abordagem mandatória que confirma a superioridade do poderoso.

Autoridades superiores: buscar o apoio de membros do alto escalão da organização.

Sanções: administrar recompensas para os merecedores e punições aos que vão de encontro a uma ideia.

O PODER INTERNO

O querer é uma das principais ambições humanas e se encontra na extremidade oposta ao poder, ainda que o famoso ditado popular "querer é poder" ganhe diversas interpretações ao longo da evolu-

> **TODO INDIVÍDUO TEM, AO LONGO DE SUA VIDA, UMA COLEÇÃO DE CONHECIMENTOS E HABILIDADES ADQUIRIDOS EM FUNÇÃO DE TUDO QUE VIU E EXPERIMENTOU.**

ção da humanidade. Ao mesmo tempo, o querer suscita o poder, é o que o torna possível. Alguns filósofos dizem que o desejo é fruto puramente da nossa consciência, que simboliza o limite que a realidade – nossa existência – impõe ao querer.

Nesse contexto, a ambição criada por nossa consciência se choca com o poder, vinculado à realidade em que vivemos. Nessa disputa, o que deveria vencer é o querer, básico e antecedente, do qual o poder é consequência.

Pelo que afirma a escritora Ayn Rand (1905-1982), a existência e a consciência são coordenadas de tal forma que a primeira, representando a realidade, é o padrão pelo qual a validade de um julgamento da segunda é medido, o que dá base à interpretação de que querer não é poder, pois sempre haverá limites para esses desejos no momento em que um se choca com o outro.

Talvez a questão de lidar com o poder seja uma tarefa difícil para quem o detém e para quem se subordina a ele, principalmente pelo medo da falta de controle, da insegurança e dos resultados desastrosos.

A tão almejada inteligência emocional faz toda a diferença para os seres humanos e é definitiva para que consigamos trabalhar nosso poder de forma positiva e benéfica, para nós mesmos e para os outros.

ALGUMAS RAZÕES DIFICULTAM O USO DO PODER PESSOAL:

- PENSAMENTOS NEGATIVOS EM EXCESSO.

- HÁBITO DE SEMPRE RECLAMAR.

- POSAR DE VÍTIMA CONTINUAMENTE, CULPANDO OS OUTROS POR ALGO QUE NÃO DEU CERTO.

- PÉSSIMO USO DO TEMPO.

- ATITUDES DE AUTOSSABOTAGEM.

- BASEAR SUAS ESCOLHAS EM DECISÕES IMPULSIVAS.

- ESCUTAR EM DEMASIA A OPINIÃO DOS OUTROS E POUCO A SUA VOZ INTERNA.

Todo indivíduo tem, ao longo de sua vida, uma coleção de conhecimentos e habilidades adquiridos em função de tudo que viu e experimentou. Quando falamos de poder interno, referimo-nos ao verdadeiro poder, que é a capacidade que o homem tem de usar positivamente tudo o que sabe para se realizar.

O problema é que muitas pessoas não usam todo o conhecimento que adquiriram e por isso não manifestam seu verdadeiro poder, que não é exercido sobre o outro, mas sobre si mesmas.

Costumo me referir ao não aproveitamento de sua máxima capacidade como uma preguiça interior pela busca de si mesmo.

OS CINCO GRANDES PODERES INTERNOS

Seres humanos precisam de bases para que possam manifestar sua capacidade plena a ponto de se autorrealizar.

Há cinco áreas-chave que, quando estimuladas, trazem o verdadeiro poder interno. Elas exercem o poder sobre o tempo, a comunicação, a mente, a confiança e a atitude.

CHAVE 1: TEMPO

O domínio do tempo é crítico para o sucesso.

A morte do corpo é a evidência da efemeridade humana neste planeta. Temos um intervalo de tempo que nos é dado. O término da vida é um marco que restringe a existência a um evento ocorrido em determinado espaço e por um certo período. E cada atividade realizada pelo homem é um evento, que pode ser classificado como grande, médio ou pequeno. Portanto, toda a vida é um fluxo sucessivo de eventos, programados ou não, que tem sua finitude. Concluímos, então, que tempo pode ser definido como "fluxo de eventos".

Se cada coisa que você faz é um evento, podemos afirmar que ninguém gerencia o tempo, mas gerencia eventos. E o que realmente importa em um evento? Ter o controle.

E O QUE É O TEMPO?
O TEMPO SÓ EXISTE
PARA NÓS, NESTA
CONFIGURAÇÃO
TRIDIMENSIONAL,
PORQUE EXISTE A
MORTE.

O grande *insight* do poder em relação ao tempo é ter controle sobre os eventos. Mas qual é o objetivo?

Quando pensamos em aproveitar a vida e maximizar a existência, falamos em pegar um evento e realizá-lo no menor tempo possível.

Para tanto, podemos lançar mão de duas formas de pensar.

O segredo do uso do tempo ao longo da existência é construir mais espaços (vida), e não perdê-los (morte). O domínio do tempo vem do pensamento de encurtar o que for possível.

Outro fator de grande poder sobre o tempo é se concentrar naquilo que efetivamente gera resultado. É o que chamo de atividades essenciais em meu outro livro, *Flua*.

O essencial é tudo aquilo que afeta o resultado. É ideal que uma pessoa concentre a maior parte do seu tempo em atividades essenciais.

Dominar o tempo é ser preciso e pontual, primando por criar cada vez mais espaço para se realizar o essencial. Podemos entender "essencial" como "vital", ou seja, aquilo que é imprescindível à vida de uma atividade, de uma empresa, de um negócio ou de um propósito.

> **O SEGREDO DO USO DO TEMPO AO LONGO DA EXISTÊNCIA É CONSTRUIR MAIS ESPAÇOS.**

PENSAMENTO DE ENCURTAR

DISPOR-SE A REALIZAR UMA TAREFA QUE DEMANDE CERTO TEMPO E, SEM PERDER A QUALIDADE, CONCLUÍ-LA EM UM PERÍODO MENOR. PESSOAS QUE PENSAM ASSIM GANHAM MAIS ESPAÇO PARA MAIS EVENTOS.

PENSAMENTO DE ESTICAR

EXECUTAR UMA TAREFA EM UM INTERVALO MAIS LONGO DO QUE O NECESSÁRIO. QUANDO AS PESSOAS FAZEM ISSO, ACABAM PERDENDO ESPAÇO EM SUA VIDA.

CHAVE 2: MENTE

Muitas pessoas perdem completamente seu poder só pela forma como pensam.

Se algo as limita, impedindo-as de fazer determinada tarefa, elas não encontrarão os motivos desse bloqueio no mundo exterior, mas dentro de si mesmas. A razão desse entrave é o modelo de pensar, que, por sua vez, é a lógica usada para acreditar em alguma coisa.

As crenças trazem, em algum nível, uma influência que chamo de "conversas internas". Seres humanos conversam consigo o tempo todo, e esse diálogo pode elevá-los ou travá-los.

Todo bloqueio é causado por uma dúvida que leva a pessoa a não utilizar seu potencial.

Em uma sociedade como a brasileira, marcada por um viés negativo, muitos revelam medo ou vergonha de ter ambições e demonstrar isso aos outros.

É comum ouvirmos frases do tipo "Baixe a bola", "Menos, viu" ou "Está se achando." Normalmente, indivíduos que travam conversas internas negativas têm baixa autoestima e se incomodam com pessoas de atitude. A única alternativa que lhes resta, então, além de falar mal do outro, é tentar diminuir a luz alheia.

Todo esse processo começa na mente, construindo uma linha de raciocínio, seja ela certa ou errada, mas que logo se torna dominante.

O segredo para dominar a mente é, em primeiro lugar, ter uma percepção clara de sua forma de pensar. Que tipos de pensamento tenho? Por que decidi tê-los? "O que está pegando?"

Sem perceber, e sobretudo sem aceitar que formulou determinado pensamento, não haverá qualquer tipo de mudança.

Quando uma pessoa descobre o que pensa e qual é sua linha de raciocínio, o passo seguinte deve ser questionar se isso realmente é verdadeiro e se condiz com suas aspirações profundas; só então deve-se começar a construir um novo modelo mental ou uma nova lógica que tragam coragem ou positividade.

> **"A VIDA É 10% O QUE ACONTECE COMIGO E 90% COMO EU REAJO A ISSO." (CHARLES SWINDOLL)**

Certa vez, a supervisora de uma mineradora no norte do Brasil me confidenciou que tinha dificuldade de emagrecer. Perguntei se isso realmente era importante e ela disse que era fundamental, porque se sentia péssima e isso afetava sua autoestima e seus relacionamentos. Pedi que ela descobrisse o que se passava em sua mente. Algum tempo depois ela me disse que pensava assim: "Ah, isso é tão gostoso. É só desta vez".

Esse raciocínio sempre a fazia comer o que não devia. Sugeri, então, que ela encontrasse um pensamento poderoso que fosse mais forte e capaz de apagar o outro. Depois de experimentar inúmeras frases e pensamentos (os quais ela achava poderosos mas que, na hora H, não inibiam sua vontade), ela por fim encontrou a ideia correta: "É agora que eu emagreço".

O fato interessante é que ela aplicou esse pensamento toda vez que surgia aquela vontade de comer mais um pouquinho. Sua frase, *que funcionava exclusivamente para ela*, minou sua vontade de comer e estimulou sua vontade de emagrecer. Quanto mais emagrecia, mais vontade tinha de continuar aplicando sua frase poderosa.

Ao fim de dezesseis semanas, ela havia emagrecido, sem muito sacrifício, 8 quilos.

O DOMÍNIO DA MENTE É UM FATOR DE PODER PESSOAL, QUE VEM DE DENTRO. UMA VITÓRIA PESSOAL.

CHAVE 3: ATITUDE

Outro grande fator de poder interno está em nossa atitude, ou seja, a forma como agimos.

Não adianta realizar qualquer tipo de mudança mental se não houver atitude de concretizá-la. Muitas pessoas não ativam seu poder simplesmente porque não fazem o que deve ser feito.

Vejamos alguns fatores que levam as pessoas a não fazer o que precisam para manifestar seu poder interno:

- falta de metas claras;
- falta de iniciativa;
- ausência de um plano de acompanhamento;
- inconstância;
- autocobrança ineficiente.

A ativação do poder da atitude envolve uma sequência básica, porém efetiva. Jamais comece qualquer tarefa sem um objetivo ou uma meta clara.

TODA META DEVE RESPONDER ÀS PERGUNTAS DO MÉTODO VALER:

VERIFICÁVEL - POSSO CONFERIR?
ATINGÍVEL - POSSO ALCANÇAR?
LINHA DO TEMPO - EM QUANTO TEMPO?
ESPECÍFICA - TENHO CLAREZA DO QUE QUERO?
RELEVANTE - GERARÁ IMPACTO POSITIVO E SIGNIFICATIVO?

Ter uma meta bem estabelecida é meio caminho andado para ativar o poder da atitude.

Após estabelecer seu objetivo, é importante criar o que chamo de "marcos esperados", que são metas intermediárias, capazes de revelar a direção para o resultado esperado.

Uma viagem de Porto Alegre até São Paulo ficará mais leve, do ponto de vista objetivo, se traçarmos alguns marcos. Por exemplo: chegar primeiro a Caxias do Sul; depois a Lages; em seguida, Curitiba; e então o destino final, São Paulo. As pequenas metas ao longo de nosso plano nos motivam a alcançar algo maior. Uma pequena meta precisa de motivação menor que uma grande meta, e lembre-se de que ao concluí-las, somamos resultados emocionais positivos. Ao cumprir cada etapa, seu nível de energia vai crescendo até entrar em alta energia.

Por fim, um senso de disciplina e dever leva qualquer pessoa à constância e à autocobrança eficiente, qualidades que podem impulsioná-lo até o final desejado.

> **MUTAÇÃO VEM COM MUITA AÇÃO.**

Atitude gera atitude. Note-se que muitas pessoas que começam a correr tendem a gostar dessa atividade e sentir necessidade de se exercitar depois de um determinado período. Esta é a força da atitude: podemos começar sem vontade, mas ela surgirá a partir de nossas ações.

CHAVE 4: CONFIANÇA

A construção da confiança em si mesmo é muito importante. Em um mundo de desafios e provações, vemos dois padrões de resposta às pressões:

1. Pessoas que reagem
2. Pessoas que agem

Pessoas que reagem sempre estão na defensiva, esperando oportunidades para se justificarem, se posicionarem ou mesmo se protegerem. Nesse caso, não há confiança, só medo.

Pessoas que agem são aquelas que estão abertas ao novo, ao inesperado, aos seus erros e, com isso, têm capacidade de aprender e de se adaptar a outras realidades e mudanças.

Pessoas que ativam a confiança são mais flexíveis e lidam melhor com o estresse.

A confiança é construída. Não existe confiança criada por um desejo, dizendo: "Sou confiante". Isso é ilusório e, mais cedo ou mais tarde, cai por terra. A confiança evolui gradativamente, a cada momento. Ter uma sensação de insegurança é natural, significa que se está enxergando o mundo com ele é, volátil, disruptivo, exponencial. Ser confiante é estar ligado no movimento que deve ser feito apesar de tudo que nos cerca.

SÃO TRÊS OS FATORES GERADORES DE CONFIANÇA:

1. TER A MENTALIDADE DE UM APRENDIZ, PARA PERCEBER TUDO COMO UMA OPORTUNIDADE.

2. O PERFECCIONISMO EQUILIBRADO, CAPAZ DE BUSCAR EXCELÊNCIA E AINDA ENTENDER SUAS LIMITAÇÕES.

3. AUTOCONHECIMENTO DE SUAS FORÇAS E FRAQUEZAS, PARA NÃO SE SUBESTIMAR NEM SE AUTOPUNIR.

CHAVE 5: COMUNICAÇÃO

Quando falamos de poder interno, é necessário trazer à tona nossa capacidade de expressão. Ao longo da minha vida, encontrei milhares de pessoas com dificuldade de falar em público. A grande maioria delas conseguiu superar o problema com simples técnicas de resgate de seu poder, que ensinei em meus treinamentos. O que aprendi com essas dezenas de milhares de pessoas é que todos nascemos comunicadores.

Ninguém nasce tímido; torna-se tímido. As crianças, quando crescem em um lar cheio de amor e aceitação, são seres totalmente fluidos em sua manifestação e relacionamento verbal. Mesmo considerando as diversas personalidades existentes, todos têm sua forma de se expressar.

A boa notícia que sempre dou àqueles que buscam falar em público sem temer é que nascemos com a capacidade de falar, e com naturalidade. Perdemos isso ao longo da vida por algumas razões.

O poder interno de comunicação representa a capacidade de ser você mesmo ao se expor com naturalidade e autenticidade.

O principal fator de inibição vem do medo da opinião alheia. As crianças nascem com autoridade e autenticidade; então, o que faz uma pessoa perder seu dom natural de se comunicar? Entre diversos fatores, podemos destacar:

> **NINGUÉM NASCE TÍMIDO; TORNA-SE TÍMIDO.**

- situações constrangedoras na infância;
- traumas escolares;
- abandono;
- exposições malsucedidas;
- falta de hábito de se expressar ao longo da adolescência;
- autocobrança;

- perfeccionismo;
- limitações físicas.

Existem algumas formas simples de se resgatar o poder de comunicação. Eis cinco ações poderosas para se tomar antes de se expressar em público.

1. Domine o assunto que irá abordar – jamais se aventure em terrenos confusos e abstratos.
2. Exponha-se gradativamente – comece com curtos espaços de tempo, para reconstruir sua zona de conforto.
3. Pratique falar e se expor em situações sociais que lhe transmitam segurança.
4. Em um primeiro momento, só fale com base em elementos relevantes e imprescindíveis.
5. Concentre-se mais nas ideias do que na forma de falar.

Independentemente de ser extrovertido ou introvertido, sua comunicação está a seu favor.

Certa vez, ao final de uma palestra que eu havia dado, uma pessoa me perguntou como alguém introvertida como ela poderia falar bem em público. Eu respondi: "Também tenho uma natureza introvertida. Não sou uma pessoa socialmente extrovertida, mas isso não me impede de falar com desenvoltura em público. Isso acontece simplesmente porque não sou tímido".

Ser introvertido não significa ser tímido; mesmo voltados para o nosso mundo interior, podemos ser autênticos e brilhantes comunicadores.

Sendo assim, resgate seu poder de se comunicar, pois isso traz grandeza e luz para a sua vida.

SUA AUTORIDADE

A sua reputação é o que resume o seu poder, e a partir dela você pode conquistar o que quiser e vencer as diferenças. Além disso, com autoconhecimento e autoconfiança, também estará pronto para enfrentar seus obstáculos.

A fim de aproveitar o poder e ser bem-sucedido, você precisa ter consciência de sua autoridade, estabelecendo-a mais por suas próprias atitudes do que por suas palavras. Afinal, é agindo que você mostra seu talento e suas habilidades.

Para lidar com o seu poder interno, é importante manter sempre os pés no chão, não se prender à ideia de que um *status* de superioridade o faz melhor que os outros e valorizar a humildade. Isso faz que sua autonomia seja válida e assertiva; afinal, o poder pode ser transitório, e assim que se esvair por completo você pode voltar a ocupar uma posição em que esteja subordinado ao poder de outrem.

O poder é uma das paixões que movem o ser humano, capaz de influenciar negativamente sua personalidade ou de fazer que o indivíduo se eleve para atuar com humildade, verdade e confiança em prol de si e dos outros.

Como disse Aristóteles, "o poder revela o ser humano", haja vista que o leva ao conhecimento de sua própria alma, de seus sentimentos e de seus princípios.

```
         Ação
          △
Foco  ◁ Poder ▷  Realização
          ▽
       Capacidade
```

FIGURA 12.1 MANIFESTAÇÃO DE PODER

O poder se manifesta basicamente a partir de quatro fatores. Primeiro, o indivíduo deve compreender sua real capacidade e saber como transformá-la em resultados por meio das ações. Capacidade mais ação é poder. Outro aspecto é ter foco para transformar em resultado o que é realizado. Poder é a manifestação do foco com capacidade que, somados à ação, geram uma realização.

EXERCÍCIOS PARA A CONSTRUÇÃO DE AUTORIDADE

1. Busque o autoconhecimento e quais são seus dons naturais.
2. Exercite falar em público sempre que puder.
3. Acabe com sua impontualidade.
4. Faça tudo com um propósito maior, que seja claro e possa ser compreendido pelas pessoas.
5. Tenha pleno domínio do que faz; não aja com superficialidade.

CAPÍTULO 13

ALINHAMENTO

DA HARMONIA À SABEDORIA

DURANTE ANOS, SENTI COMO SE EU TIVESSE DUAS VOZES DENTRO DE MIM: UMA DIZENDO "VÁ" E A OUTRA, "FIQUE". LUTEI POR MUITO TEMPO PARA ELIMINAR UMA DELAS, QUANDO FINALMENTE PERCEBI QUE PRECISAVA DE AMBAS. NAQUELE MOMENTO, TRANSCENDI.

EQUILÍBRIO: A HARMONIA PARA CONTRABALANCEAR A VIDA

O equilíbrio, assim como a paz, é uma constante busca do ser humano, porque favorece a felicidade, a qualidade de vida e o bem-estar; é um estado de espírito envolvendo tudo aquilo que se distribui de maneira proporcional. A sustentação que tanto se procura vem acompanhada da tranquilidade e da sabedoria para lidar com as situações, com as pessoas e com o mundo.

A transcendência tem sua base no equilíbrio. Transcender é ir além; é ser capaz de enxergar mais adiante de tudo que lhe é apresentado, por meio de um nível de percepção e compreensão superior ao normal.

A seguir, vamos falar sobre o equilíbrio, o que ele realmente significa e como fazer para atingi-lo.

O SIGNIFICADO DO EQUILÍBRIO

Originado do latim *æquilibrium*, palavra formada pelos radicais *æqui* (igual) e *libræ* (algo que oscila), o termo equilíbrio representa harmonia, estabilidade e solidez; é o estado daquilo que se distribui de forma proporcional. É comumente representado por uma balança, um dispositivo que, ao suportar dois pesos idênticos em cada um de seus pratos, não pende para qualquer um dos lados, não oscila.

O equilíbrio é alcançado quando as forças que atuam em um determinado corpo são compensadas, cancelando-se mutuamente, ou ainda quando um corpo, mesmo sustentado por um triz, consegue se manter sem cair. Se nos propomos a equilibrar alguma coisa fora ou dentro nós, significa que desejamos igualar e contrabalancear suas forças, e preservar esse estado é o mesmo que conseguir se sustentar e manter-se de pé, literal ou figurativamente. Ao falar em sentido figurado, dizemos que o equilíbrio representa um estado ou uma atitude de prudência, de moderação, agindo com comedimento e tendo o domínio de si mesmo.

Ainda sobre os corpos, eles se encontram equilibrados quando estão em contrapeso, assim como os dois lados iguais de uma balança. Fazendo-se uma analogia com a contabilidade, o ponto exato em que os pesos se igualam representaria o indicador que informa ao empresário o volume de vendas necessário para cobrir as despesas fixas e variáveis em um período específico.

> **SOLUCIONAR SITUAÇÕES DIFÍCEIS COM EQUILÍBRIO É BUSCAR OS MEIOS MAIS CORRETOS DE AGIR.**

AUTOCONTROLE

O chamado equilíbrio emocional é obtido quando o indivíduo experimenta o controle total sobre os pensamentos e as ações que determinam o seu comportamento.

Todos buscamos essa harmonia para conseguir enfrentar obstáculos e controlar nossos sentimentos e reações de maneira absoluta e assertiva. Quando uma pessoa está equilibrada emocionalmente, ela tem clareza e domínio, tanto mental como físico, para reagir a momentos problemáticos e lidar com as várias adversidades da vida, procurando sempre resolver todos os desafios da melhor forma possível.

Solucionar situações difíceis com equilíbrio é buscar os meios mais corretos de agir pacificamente a fim de beneficiar a si mesmo e aos demais envolvidos, seja na vida pessoal, na carreira profissional ou na convivência familiar.

A pessoa que age de maneira equilibrada consegue circular por vários assuntos e situações sem perder o controle de seus pensamentos e de suas ações, e sem se prejudicar. Entretanto, manter o equilíbrio emocional diante das adversidades não é uma tarefa fácil, e evitar essas dificuldades é simplesmente impossível.

Em alguma ocasião de sua vida, mesmo que seja por um dia, você enfrentará um momento complicado e será obrigado a descobrir, por meio de sua autoconfiança e de sua sabedoria, qual o seu ponto de harmonia. No instante em que nossa zona de conforto é abalada, podemos perder o controle, deixar a tranquilidade se esvair pelas mãos e confundir nossos pensamentos, abrindo espaço, assim, para a negatividade e para algum tipo de manifestação de sofrimento.

A ansiedade e a depressão são estados opostos ao equilíbrio emocional, e eles se instalam exatamente nesses momentos de adversidade pelos quais passamos. A verdade é que, por pior que sejam a ansiedade e a tristeza, esses sentimentos são funcionais e fazem que nos adaptemos a tudo o que enfrentamos, de modo que saberemos decidir qual a melhor solução para os diferentes problemas. Cada pessoa tem uma reação distinta quando depara com situações ruins, mas há quem fique preso a sentimentos, pensamentos e comportamentos que só o influenciam negativamente, dificultando o reequilíbrio emocional. Ou seja, esses elementos representam formas destrutivas e prejudiciais de lidarmos com nossos desafios.

DA HARMONIA À TRANSCENDÊNCIA

Esse tema serviu de inspiração para que Jean Piaget (1896-1980), considerado um dos maiores pensadores do século 20, estabelecesse o princípio da equilibração, demonstrando que a inteligência humana deve ser confrontada para evoluir, sendo um processo de passagem de uma situação de menor equilíbrio para uma de maior equilíbrio.[1]

---

1   PIAGET, Jean. *Psicologia e pedagogia*: a resposta do grande psicólogo aos problemas do ensino. 10. ed. rev. Rio de Janeiro: Forense Universitária, 2010; *A equilibração das estruturas cognitivas*: problema central do desenvolvimento. Rio de Janeiro: Zahar, 1976.

Uma fonte de desequilíbrio ocorre quando esperamos que uma situação flua de determinada maneira, mas isso não acontece – o que é totalmente comum em nosso dia a dia.

Para explicar o desenvolvimento intelectual, Piaget tomou como ponto de partida a ideia de que os atos biológicos são ações de adaptação do homem ao ambiente em que habita, procurando sempre manter um equilíbrio.

Para Piaget, o funcionamento total do organismo humano está diretamente relacionado com sua atividade intelectual, e a equilibração é a busca por esse ponto de harmonia entre o que é assimilado e o que você de fato armazena; é ele que será o ponto autorregulador necessário, assegurando uma interação eficiente com o meio ambiente. Isso está intrinsecamente relacionado com a nossa capacidade de nos modificar, mental e psicologicamente, em função das particularidades, das situações e das pessoas, e também quando recebemos um estímulo, tentando traçar um paralelo com outro já existente e procurando encontrar o equilíbrio.

Piaget afirma que conseguir esse estado de harmonia significa atingir uma posição estável após superar dificuldades e sobressaltos. Esse deve ser um processo básico na trajetória do ser humano, indispensável para a sua evolução, o seu crescimento e a sua sobrevivência.

De acordo com os estudos do pensador suíço, esse tipo de processo também acontece quando tratamos da inteligência, demonstrando que a capacidade do indivíduo de conhecer não é inata e não vem apenas a partir das experiências que vive, mas é construída por ele à medida que cria uma interação com o meio, que o desequilibra e o desafia a criar novas adaptações, possibilitando o reequilíbrio em seu processo evolutivo.

Piaget defende que a inteligência humana se renova a cada descoberta e que, desde sua infância, a pessoa já começa a construir, sem limites, suas estruturas cognitivas para tentar se adaptar melhor ao ambiente em que vive por meio da assimilação (compreensão de novos conceitos e formas de interagir e de se relacionar com o mundo) e da acomodação (construção de novas estruturas cognitivas com base nas já adquiridas) para, enfim, chegar a um novo estado de equilíbrio.

PROMOVENDO O EQUILÍBRIO EMOCIONAL

O equilíbrio emocional é um estado de conciliação interior, e o nosso comportamento é o resultado do estado físico e mental em que nos encontramos.

A maioria dos estados psíquicos se instala em nós sem que estejamos totalmente conscientes deles, e o sonho de todo ser humano é ter controle sobre suas emoções.

Conseguir direcionar seus estados emocionais para obter mais qualidade de vida e ser mais feliz é a grande chave do equilíbrio. Só dessa forma você conseguirá produzir os resultados que espera em relação a seus desejos mais profundos, investindo em ações que sejam realmente enriquecedoras. Ficar à mercê dos acontecimentos da vida é dar um passo rumo ao desequilíbrio; concentrar-se com lucidez em sua mente, ao contrário, é o impulso para você atingir seus objetivos, considerando todas as possibilidades, cenários positivos e perspectivas amplas.

Estar equilibrado significa conhecer os próprios estados mentais e, principalmente em momentos decisivos, ter o controle de suas emoções em favor de um desempenho melhor. Manter o foco aumenta as chances de tomar decisões acertadas, e não se apoiar em expectativas lhe permite focar o presente, não probabilidades, pressupostos e promessas; isso não significa que você não deve ter esperanças, mas tampouco indica que deve prender-se ao que se espera. Na maioria das vezes, felizmente ou não, as coisas não acontecem como planejamos, e se seu equilíbrio emocional estiver apoiado nessa expectativa, certamente você ficará abalado e seu desempenho acabará comprometido. Ter o equilíbrio abalado acarreta diversas atitudes negativas, como o nervosismo, a fragilidade e a perda de foco, e a causa de tudo isso pode ser justamente criar expectativas que podem prejudicá-lo.

Como já foi dito, as adversidades da vida são, ao mesmo tempo, um obstáculo ao equilíbrio emocional e um bom ponto de partida para se chegar a esse estado tão almejado.

Quando você depara com algum problema, um dos primeiros passos para não perder o controle é ocupar o seu tempo processando o que realmente está acontecendo, refletindo sobre qual a forma mais assertiva de tomar uma atitude. Isso porque se você apenas enfrenta algo e passa por esse momento sem pensar em tudo o que aconteceu, é bem provável que não tenha aprendido o que deveria com aquela situação. Para compreender o impacto que determinado acontecimento teve, tem ou terá em sua vida, é preciso considerar todos os benefícios e todos os danos que ele gerou. Não considerá-los pode levar você a ficar paralisado em um pensamento ou sensação, incapaz de seguir adiante.

Para buscar o equilíbrio, evite resistir às circunstâncias; a partir do momento que você foca algo negativo ou que ainda não deu certo, essa ideia se expande, principalmente se tem a ver com uma situação já passada e que ainda o incomoda.

QUANDO VOCÊ SE RETÉM NO PASSADO, ACABA CONDICIONANDO SEU PRESENTE E ASSOMBRANDO O FUTURO PORQUE NÃO CONSEGUE SUPERAR UMA CULPA OU UM RESSENTIMENTO, FAZENDO QUE ISSO FIQUE ENRAIZADO EM SUA MENTE E O PARALISE DIANTE DAS NOVAS SITUAÇÕES, CORTE SEU FLUXO DE VIDA E IMPOSSIBILITE UMA MUDANÇA BENÉFICA E POSITIVA.

Enfrentamos muitas coisas ao longo da nossa existência, e não sabemos como será nossa reação a cada uma delas, nem se conseguiremos manter o equilíbrio. Ao mesmo tempo que podemos ter uma reação que nos proteja do sofrimento, é possível que percamos o controle; cada tipo de resposta dependerá de como encaramos o momento e variará de acordo com o nosso tipo de personalidade.

ATENÇÃO FOCAL

Um dos fatores de equilíbrio é a capacidade de atenção, uma das melhores formas de aprender a controlar nossos pensamentos. Você dirigirá e controlará com atenção todas as informações para um único pensamento, emoção, sensação corporal ou sentimento, e por sua livre escolha e vontade de estar em harmonia, você vai se concentrar apenas no que for de fato importante. Esse autocontrole o levará ao equilíbrio almejado, seja sozinho ou com os outros, mantendo sempre o foco e a atenção. O que causa o desequilíbrio é a dispersão mental, a falta de foco e de concentração, atitudes que deixam o pensamento ir para lugares indesejados e permitem que o corpo tome conta das ações.

SÓ CONSEGUIMOS
APRENDER A NOS
HARMONIZAR FÍSICA
E MENTALMENTE
QUANDO, DE MANEIRA
SELETIVA E INTENCIONAL,
COLOCAMOS NOSSA
ATENÇÃO NOS ESTÍMULOS
E NA INFORMAÇÃO QUE
ESCOLHEMOS, SEMPRE
COM BASE EM NOSSA LIVRE
VONTADE.

> **SOMOS SERES HUMANOS E TEMOS O PRIVILÉGIO DE ESCOLHER ONDE, QUANDO E COMO FOCAMOS NOSSA ATENÇÃO.**

Somos seres humanos e temos o privilégio de escolher onde, quando e como focamos nossa atenção, e por quanto tempo faremos isso. Esse processo se dá tanto com memórias ruins quanto com as boas, e quando escolhemos reavivá-las, trazemos tudo de volta para a nossa mente, revivendo, inclusive, a experiência emocional.

Dessa forma, o cérebro passa a enviar abundantes sinais químicos para o corpo, produzindo exatamente o mesmo efeito da vivência original, o que pode fazer que essa atenção deliberada seja libertadora ou aprisionadora.

ADQUIRINDO EQUILÍBRIO

O equilíbrio pode ser desenvolvido, assim como fazemos com nossa musculatura. Quando focamos a mente de propósito em determinados pensamentos, a constância traz uma disciplina energética. O foco cria um campo de energia pessoal.

FOCAR ALGO É
RESOLVER QUE ISSO
MERECE A SUA ATENÇÃO
COMPLETA E QUE
SUAS DECISÕES SERÃO
TOMADAS COM TOTAL
CONTROLE.

Para isso, você pode, por meio de um trabalho contínuo consigo mesmo, praticar e exercitar os poderes da concentração, permitindo que seu cérebro funcione melhor e faça escolhas mais adequadas.

Para controlar os impulsos emocionais, o que é extraordinário para se atingir o equilíbrio, o lobo frontal do cérebro inibe os comportamentos fortuitos para que os pensamentos não provoquem atos sem considerar suas consequências. Se o indivíduo tem um nível reduzido de atividade no lobo frontal, ele está sujeito a um fraco controle sobre as emoções e comportamentos impulsivos, tal como em um ataque de pânico. Mas se você desenvolve sua musculatura emocional e fortalece seu foco atencional, reforça a tomada de decisões que suporta seus desejos em relação a um objetivo; afinal, quando existe equilíbrio emocional nosso comportamento corresponde a nossos propósitos, e nossas ações a nossas intenções, fazendo o corpo e a mente um só.

Desenvolvendo a musculatura emocional, passamos a ter a capacidade de silenciar o diálogo interno que nos retira as aspirações, o que nos permite controlar o poder do ego sobre a nossa mente e colocar o fracasso em seu devido lugar, sem que ele nos domine. Ao reunirmos a força de vontade para agir, seguimos em frente, sabendo aonde queremos chegar e dirigindo intencionalmente nossa atenção para o ponto correto.

NOSSA VIDA ESTÁ
REPLETA DE
MOVIMENTOS DE
AJUSTE E DESAJUSTE;
O EQUILÍBRIO É UM
CONJUNTO DE PEQUENOS
DESEQUILÍBRIOS
QUE MANTEMOS SOB
CONTROLE.

Quando conseguimos ler e interpretar as reações do nosso corpo diariamente, temos a possibilidade de impor nossa vontade sobre elas, adequando-nos a todo tipo de momento.

O CORPO E A MENTE

Para ter controle sobre si mesmo, estar atento ao corpo e à mente é fundamental. A cada pensamento que temos, um estado interno se manifestará, como a aceleração dos batimentos cardíacos, o aumento da temperatura corporal, a tensão muscular e todos os sintomas que levam uma pessoa a se preparar para a ação. Se você não atenta a esses sinais, pode perder o controle, tomando atitudes e assumindo comportamentos de forma automática, impulsiva e, por vezes, pouco inteligente. Todavia, quando você constrói uma representação interna de suas intenções e isenta de fatores externos, faz sua mente tornar a situação real, produzindo um estado de ser que se comporta em consonância com sua intenção.

Sua sensibilidade será seu termômetro de autopercepção: quanto mais atento e ligado estiver ao que ocorre com seu corpo físico, mais condição terá de alcançar o domínio do espírito.

Muitos dos grandes heróis da humanidade, como Martin Luther King, Mahatma Gandhi e São Francisco de Assis, tinham o lobo frontal muito desenvolvido e, por isso, foram considerados verdadeiros mestres do controle emocional, mantendo um elevado foco em suas intenções a partir de princípios de liberdade, não violência, honra e amor, independentemente das dificuldades que enfrentaram. Eles conseguiram intencionalmente concretizar todos os seus ideais, concentrando sua atenção em conceitos que se tornaram seus objetivos de vida.

Um dos princípios mais importantes para se desenvolver o equilíbrio é a capacidade de ter foco nos propósitos que queremos alcançar, mesmo quando encontramos dificuldades e desafios pelo caminho.

> **SUA SENSIBILIDADE SERÁ SEU TERMÔMETRO DE AUTOPERCEPÇÃO.**

EXPECTATIVA E AUTOCOBRANÇA

Também é fundamental, para manter-se equilibrado, compreender que a qualquer momento as coisas podem dar errado, mesmo com suas escolhas sob controle. Se você não estiver em harmonia consigo próprio, admitir o fracasso pode ser uma grande dificuldade; por outro lado, aceitar com serenidade o fato de não ter atingido o objetivo desejado pode se transformar em uma boa estratégia para o seu sucesso e para manter sua força emocional. Essa força é necessária para que você continue equilibrado e se desprenda do que deve ser superado, focando outras conquistas.

Para que a pessoa possa optar conscientemente por um comportamento mais adequado e funcional em seu cotidiano, é preciso estar atenta à natureza das emoções em sua totalidade, reconhecendo os sinais em si e no outro.

Quando voltamos a atenção para as nossas expectativas, percebemos que grande parte de nossa desarmonia vem delas. Esperamos muita coisa, e isso conecta a mente com o futuro. Não que isso seja ruim; o problema é o gasto de energia no futuro, que tira a força vital para realizar e tomar as decisões no presente.

Planejar estrategicamente um futuro é importante, principalmente quando se têm planos, objetivos e estamos no mundo dos negócios exponenciais; mas é necessário perceber o dispêndio de energia para que isso não afete o fluxo de vitalidade necessário no presente para fazer as coisas acontecerem.

RESILIÊNCIA

Mesmo que as dificuldades surjam e demorem a desaparecer, o ideal para manter o equilíbrio é sempre seguir em frente e avançar. É nesse momento que as pessoas bem-sucedidas servem como exemplo, por demonstrarem uma característica primordial: a persistência.

Diante de situações complicadas, é preciso se manter focado nos objetivos que foram traçados e não desistir quando surgirem obstáculos, muito menos deixar de caminhar.

Ao enxergar adiante, você será capaz de ter uma perspectiva de longo prazo, além dos problemas; a isso se dá o nome de resiliência, outro fator essencial ao equilíbrio. Podemos dizer que resiliência é a capacidade do indivíduo de lidar com as dificuldades, superando-as e resistindo à pressão das situações adversas sem sucumbir a um surto psicológico.

Para ser resiliente, a pessoa deve saber interagir com seus sistemas adaptativos complexos, como seu círculo social, sua família e sua cultura. A administração das emoções é um fator inerente à resiliência, pois é a habilidade de se manter sereno diante de um momento de estresse, utilizando sua sabedoria para orientar seu comportamento com autorregulação.

O desenvolvimento da resiliência se dá quando efetivamente proporcionamos uma oportunidade a nós mesmos de experimentar a pressão e a adversidade, ou seja, ao permitirmos o surgimento da tensão e das mudanças, fazendo que nos tornemos mais maleáveis. Normalmente, ambientes imprevisíveis e de alta pressão por resultados, que envolvem muito dinheiro e poder, ou até mesmo alta taxa de exposição, obrigam o indivíduo a trabalhar sua resiliência, sua capacidade de se adaptar para depois voltar ao seu estado natural sem mágoas e lamentações.

Controlar os impulsos também é muito importante, não se

deixando levar de forma descontrolada pela experiência de uma emoção. O controle dos impulsos é o que garante essa autorregulação das emoções e dá força às vivências, aumentando a capacidade humana de compreensão. Ser otimista, criar empatia e saber analisar o ambiente em que se habita são outros fatores que favorecem a resiliência e levam a pessoa a acreditar que tudo pode ser melhor nessa longa caminhada em busca do equilíbrio emocional, agindo com proatividade, assertividade e eficiência.

ATENÇÃO PLENA

Imagine que você está em uma estação de metrô, esperando o seu trem que chegará em 10 minutos. Nesse intervalo, você consegue perceber que ao seu redor estão 22 pessoas. Quatro casais, uma família de orientais, pessoas sozinhas e um cão-guia. Todos estão agasalhados, exceto um jovem, que exibe corpo forte com uma camisa justa de mangas curtas. O piso está levemente molhado. Algumas paredes têm a tinta descascada, mas o teto é alto e bem pintado de preto. Atrás de você há três painéis: o anúncio de uma corretora de seguros, a propaganda de um banco com um homem gordo e feliz na foto e o cartaz de uma peça de teatro. Nesse meio-tempo você consegue perceber a própria respiração e as mãos frias, escuta a algazarra do ambiente, sente o cheiro de cigarro misturado com o odor de ferrugem, até que nota o barulho do trem chegando.

Será que vivemos conectados a tudo que ocorre no momento presente? Ou descreveríamos esta cena de modo simplório, como: "Eu me encontrava na estação de metrô e faltavam 10 minutos para chegar o trem. Estava aborrecido porque meu filho havia brigado com o primo lá em casa. Que coisa chata! Terei que conversar com meu irmão e tratar disso. Deixa eu ver se tem alguma mensagem no celular. Nossa, doze mensagens! O Jair já chegou à reunião. Cadê a porcaria do trem!! Ah! Finalmente está chegando!"

Em qual cena você se encaixa, na primeira ou na segunda?

Quando falo de atenção plena, refiro-me a manter a mente conectada, na medida do possível, à situação que se está vivendo, para que seja possível absorver o ambiente ao redor com atenção. Vivendo dessa forma, somos sensíveis a tudo e a todos. Quando estamos em uma reunião, estamos na reunião; quando estamos em um jantar, estamos no jantar; quando estamos conversando com alguém, estamos conversando com esse alguém. É diferente de quando seu corpo físico está presente desvinculado de sua mente – por exemplo, você emite sinais de que está ouvindo, mas definitivamente não está prestando atenção.

Atenção plena é estar absorvido no momento em que se vive. Quando temos atenção plena, ganhamos profundidade, consciência, domínio, conectividade e sensibilidade em relação a qualquer pessoa, situação ou assunto.

O mundo moderno, da tecnologia da informação, facilitou a conexão virtual e, ao mesmo tempo, fez que nos desconectássemos da presença física. Isso nos tira a oportunidade de perceber os sinais de nosso corpo físico, ler melhor as mensagens sutis que as pessoas enviam etc.

**EXERCER
ATENÇÃO PLENA É
COMPLETAMENTE
POSSÍVEL SE NOS
EMPENHARMOS.**

> **VIVER COM ATENÇÃO PLENA É ESTAR PLUGADO NA PRESENÇA.**

Muitas pessoas não conseguem se ligar no aqui e agora simplesmente por não terem o menor interesse. Aquelas que conseguem o fazem porque é a prática diária que fortalece a reconexão com o presente.

Viver com atenção plena é estar plugado na presença, é ser capaz de sentir e perceber cada movimento. Pessoas que vivem com atenção plena normalmente fazem melhores escolhas, decidem com maestria e conduzem melhor sua vida, sendo, portanto, mais felizes.

VIDA É SOFRIMENTO?

O primeiro ensinamento budista diz que a vida é sofrimento. Se pensarmos que tudo vai acabar e ainda assim nos apegarmos às pessoas e às coisas que temos, a vida é e será, sim, um sofrimento. Essa condição está diretamente atrelada ao desejo de possuir. Mas se é a vontade de ter que gera esse sofrimento, como o percebemos? Notamo-lo quando a realidade bate à nossa porta e diz: "Perdeu! Isso nunca foi seu, só esteve com você!".

Se de fato queremos evoluir em nossa existência, o primeiro passo a ser dado é aprender a nos relacionar com todas as coisas e pessoas que apreciamos e que estão temporariamente ao nosso redor. Quero apresentar alguns ensinamentos simples para ajudá-lo a lidar com perdas e com este mundo de ilusão em que vivemos.

Enfrente as dificuldades: para resolver os problemas que aparecem ao longo de nossa jornada, precisamos ter uma atitude e encará-los de frente! Muitas pessoas negam ou se esquivam de determinados problemas, deixando dívidas para trás, contas para que outros paguem, buscando culpados por desavenças, fingindo que nada está acontecendo, fazendo-se de vítimas ou, literalmente, fugindo. Não será dessa forma que traremos grandeza evolutiva para a nossa vida, mas admitindo as falhas e tendo uma atitude forte para enfrentar a situação de peito aberto, não importa quão feia ela seja.

Viva a vida agora: a qualquer hora tudo pode acabar. Durante anos, um grande amigo meu levou a vida pensando na hora em que tudo acabaria; logo, ele criou um futuro nebuloso e uma existência na qual nada era aproveitado. Nossa vida acontece agora, neste instante, e só temos certeza disso. Portanto, uma forma de lidar com o sofrimento decorrente da perda é tirar o máximo proveito de tudo o que você tem no instante em que se vive. Trazer seu foco para o presente o liberta de um futuro que pode ser sofrido.

Aceitação: esse é um ensinamento mágico. Aceite tudo que acontecer com você em um determinado momento. Aceitar é um ato de humildade perante a vida, não se arrogando o direito de se revoltar com o que já é um fato consumado. Muitas pessoas não entendem que tanto a pior quanto a melhor das experiências já foram vividas e são imutáveis. O que podemos fazer é nos convencer de que elas tiveram algum significado e interpretá-lo (e posso dizer, de acordo com a minha experiência, que todas elas têm). E se algo ruim aconteceu com você, aceite-o, mas se precisa tomar providências para mudar, mude. Aceitar não significa ficar passivo, mas admitir uma situação adversa e saber tomar a atitude correta para enfrentá-la.

MUDE SEU OLHAR: quando ocorrer algo difícil, que lhe traga sofrimento e dor, há uma coisa que sempre estará ao seu alcance: enxergar a situação por outro ângulo. Lembre-se de que o contexto é apresentado pela vida, mas a interpretação sempre será sua. Se você for capaz de ver a situação a partir de uma perspectiva maior, terá a chance de mudar seu estado emocional.

CONTROLE EMOCIONAL PARA UMA EVOLUÇÃO

Nós somos seres emocionais e estamos sujeitos a todo tipo de sensações, que nos mostram o caminho de como lidar com as situações e nos proveem com satisfação, bem-estar e tranquilidade. Quando começamos a sentir um determinado tipo de emoção, seja apropriada ou não, nosso corpo começa a receber estímulos da mente indicando que algo está acontecendo e, em questão de segundos, passamos a ter controle da situação, sabendo o que e como tudo deve ser feito. O coração passa a bombear o sangue mais rápido, começamos a suar e os músculos ficam mais tensos. Tudo isso é natural, mas o que vai nos levar ao equilíbrio é a forma como reagimos a todos esses estímulos, seja enfrentando ou fugindo da situação.

As emoções nos preparam para tudo: para lidar com os outros e com nós mesmos, para não nos deixar desistir e para sabermos exatamente a melhor hora de tomar uma decisão e determinar a sua resposta emocional.

Nossas emoções são capazes de alterar a maneira como enxergamos o mundo e as pessoas, além de nos conduzir ao equilíbrio. Ter o controle necessário para encontrar a harmonia advém de tomar atitudes conscientes para não deixar que pensamentos obscuros dominem a nossa mente. E a melhor maneira de lutarmos contra eles é permitir que surjam para, em seguida, produzir novos pensamentos que sejam mais adequados e substituam aqueles que nos fizeram mal.

> **NOSSAS EMOÇÕES SÃO CAPAZES DE ALTERAR A MANEIRA COMO ENXERGAMOS O MUNDO E AS PESSOAS.**

O importante é sempre nos lembrarmos de que não somos definidos por nossos pensamentos, mas por nossa essência.

Para focar aquilo que é benéfico, encare os pensamentos, tanto os negativos quanto os positivos, como um impacto da sua mente, e não como a realidade. Dessa forma, o que não for destinado a você irá se esvair de sua mente da mesma forma que chegou, e você só vai dar vida aos pensamentos que o fazem de vítima.

Desenvolver o equilíbrio emocional é dedicar-se ao autoconhecimento para entrar em harmonia com a mente e saber como manter o controle. Isso inclui reconhecer não apenas os próprios defeitos, mas os momentos e fatores que o levam a abandonar um estado emocional saudável.

Descobrir o ponto de equilíbrio entre a razão e a emoção não é uma tarefa fácil, mas possível caso você considere esse objetivo importante e verdadeiro. Conhecendo aquilo que o desequilibra, você passa a conduzir sua mente para que ela interprete os eventos dissonantes de forma diferenciada, para além do que está acostumada a pensar.

Para contornar tudo o que o faz perder o controle, uma prática é essencial: identificar os pontos de tensão para ser capaz de respirar fundo e pensar antes de falar e agir, evitando situações e reações desagradáveis ou desnecessárias. O fator que fará toda a diferença será o seu autocontrole.

Na década de 1950, o psicólogo James Olds (1922-1976) descobriu que existiam partes não utilizadas no cérebro que produziam sensações agradáveis quando eram devidamente estimuladas. No início, Olds fazia experimentos em ratos, mas pouco depois um neurocirurgião chamado Robert Heath experimentou realizar estímulos em pacientes humanos por meio de eletrodos. Quando os dispositivos estimulavam determinadas áreas cerebrais, alguns pacientes riam, ficavam felizes e alguns até sentiam enorme prazer.

O QUE PODEMOS NOTAR É QUE TODAS AS EMOÇÕES, POSITIVAS E NEGATIVAS, ESTÃO DIRETAMENTE LIGADAS A ESTÍMULOS CEREBRAIS.

A POLARIDADE NECESSÁRIA

Ser equilibrado não representa apenas não se deixar afetar pelos acontecimentos negativos da vida. Por exemplo, permanecer frio e impassível diante de tragédias, mostrando-se imune aos problemas, não é sinônimo de equilíbrio.

O ideal é responder de maneira harmônica e tranquila a cada tipo de situação, com a capacidade de se indignar com algo ultrajante e de se defender caso seja necessário, de ser generoso, de ficar feliz ou triste. Quem é equilibrado também tem medo, sente-se acuado e temeroso, mas consegue se controlar, pensar e decidir o melhor a fazer.

A busca pelo equilíbrio faz parte de uma construção interna e pessoal, um processo realizado de dentro para fora. É um trabalho intenso, que leva o indivíduo a encarar de frente tudo o que vive, sem negar o que for ruim.

Para alcançar a transcendência do equilíbrio com vista à evolução, é fundamental enxergar a vida além da polaridade e sem classificá-la.

O dia é tão importante quanto a noite.

O certo é tão importante quanto o errado.

A facilidade é tão importante quanto a dificuldade.

A honestidade é tão importante quanto a desonestidade.

A luz é tão importante quanto a sombra.

A força é tão importante quanto a fraqueza.

O simples é tão importante quanto o complexo.

O bom é tão importante quanto o ruim.

O justo é tão importante quanto o injusto.

O bem é tão importante quanto o mal.

Quando entendemos as polaridades da vida e que, em muitos caso, não temos como defini-las ou controlá-las, tudo que nos resta é enxergar de modo equilibrado sob uma perspectiva maior, compreendendo o que a situação quer nos mostrar, independentemente de quão bela ou trágica ela seja.

Somente as pessoas em estado de completo equilíbrio são capazes de ver além dos fatos e das pessoas.

Manter o equilíbrio é:
- cuidar da saúde física e mental;
- pensar nessa jornada pessoal como indispensável para a felicidade e para a paz de espírito, sem se autossabotar, sem prejudicar o próximo e sem deixar de acreditar que o melhor sempre está por vir;
- aprender a reconhecer seus erros e suas falhas para corrigi--los, sem rivalizar consigo mesmo e sendo seu melhor aliado;
- ser tolerante e sincero ao dialogar com alguém, demonstrando confiança e exercitando sua generosidade;
- controlar a ansiedade e cultivar a arte de superar as adversidades, com paciência e tendo em mente seus objetivos;

- aceitar que a vida muda, que as pessoas mudam e que você também muda.

A LIDERANÇA NOÉTICA

Se conhecimento, habilidade e atitude bastassem, teríamos líderes extraordinariamente transformadores. Em um mundo disruptivo, exponencial e diverso, o aprendizado por si só nunca será suficiente. Você precisará de um novo acesso: seu código interno.

Mas os verdadeiros transformadores do mundo tinham um grau de conhecimento em suas áreas de atuação fora do normal. Eles conseguiam acessar sua sabedoria interna e com isso tiveram grandes *insights* na vida. Eles viviam um estado mais contínuo de alinhamento.

Noética tem a ver com "sabedoria interna". Intelectualidade e conhecimento você aprende, mas sabedoria já está em você! Essa é a boa notícia. Sabedoria é o que você não sabe que sabe.

Liderança noética é a liderança com sabedoria. Um alinhamento com a sabedoria interior. É quando você toma atitudes e faz coisas fantásticas as quais nem imaginava ser capaz.

Líderes noéticos conseguem agir com autoridade, consciência e sabedoria interna alinhadas com um propósito de alto significado para a obtenção de resultados.

A LIDERANÇA NOÉTICA
SE PROPÕE A INTEGRAR:

PERCEPÇÃO - MUNDO INVISÍVEL COM O MUNDO VISÍVEL

MATERIALIZAÇÃO - SONHOS (FUTURO) COM A REALIDADE (PRESENTE)

IDEAÇÃO - IDEIAS COM AÇÕES

REALIZAÇÃO - AÇÕES COM RESULTADOS

RELAÇÕES - EU COM OS OUTROS

EQUILÍBRIO - RAZÃO E CORAÇÃO

Alinhamento é o equilíbrio transcendente que eleva o espírito e confere a uma pessoa uma perspectiva além do tempo, sintonizada com a evolução maior.

Em uma era exponencial, em que podemos criar abundância a partir de nossas ideias, ações e pelo coletivo, estar em estado de alinhamento com a sabedoria interna nos traz lucidez e permite que deixemos um impacto positivo em nossa passagem por este planeta.

Eu convido você, leitor, a ser uma liderança noética para tornar este mundo um lugar muito melhor do que o que nós recebemos, e a hora é agora!

Domine suas emoções e transforme tudo extraordinariamente!

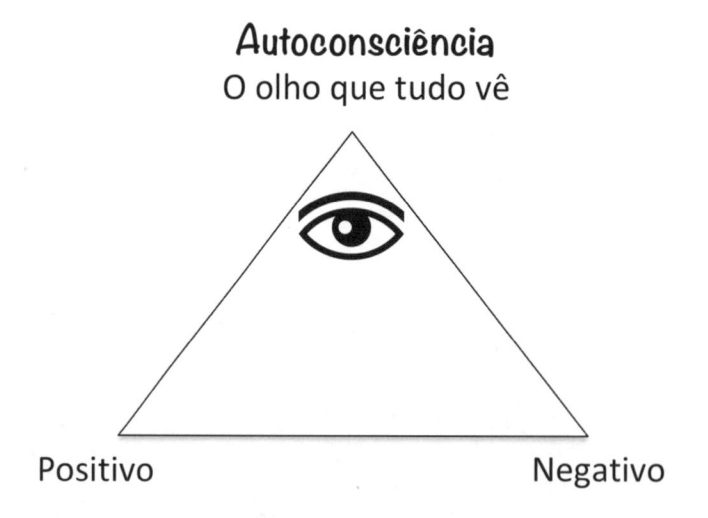

Autoconsciência
O olho que tudo vê

Positivo   Negativo

FIGURA 13.1 O EQUILÍBRIO QUE TRANSCENDE

Ao abrir os olhos, os ouvidos e o coração para mais de uma direção, você se abre para uma visão maior, seja de alguém ou de alguma coisa. Distanciando o olhar, vê-se mais e melhor. Um estado de sabedoria.

EXERCÍCIOS PARA TRAZER SABEDORIA

1. Pratique meditação: encontre as práticas que lhe sejam favoráveis e execute-as todos os dias.
2. Interaja mais vezes com a natureza e os animais; sinta-os como parte do todo.
3. Pratique tratar cada problema com simplicidade. Exercite um pensamento enxuto e simples.
4. Analise cada situação que chamar sua atenção e exigir sua energia sob todos os ângulos, incluindo os que você não concorda.
5. Coloque-se em um campo de aprendizado ainda maior. Agregue um novo ensinamento à sua vida com aceitação. Seja consequente. Pratique a liderança noética.

―― AGRADECIMENTOS ――

Gostaria de estender meus sinceros agradecimentos a uma série de pessoas.

A minha querida esposa, Glaucia, pelas noites que passei escrevendo e por sua compreensão durante minha ausência.
Ao meu filho, Lucas, que permite que eu o ajude com suas emoções sempre que precisa.
A minha mãe, Sandra, que sempre encontra uma forma de superar os desafios que a vida lhe impõe.
A minha equipe da Jazzer, que oferece com frequência meus experimentos sociais e emocionais a outros seres humanos.
A Simone, Débora e Marcos, pela parceria com a Editora Merope, por participar de nossos projetos com grandeza e dedicação.
A Ju Lima, pela ajuda nas pesquisas.
A Agostinho e Madalena, que sempre trazem alegria aos nossos encontros.
A Breno e Dani, por terem dado ao mundo o meu sobrinho, Daniel, uma figura de alta energia.
A turma da 102,9 CDL/FM, que me dá espaço para falar todos os dias, há mais de oito anos.
Aos amigos e companheiros do Instituto Aletheia, que inspiram pela atitude humilde de servir ao próximo com muito amor.
A todos os meus amigos, que sempre me ajudam nas falhas e vibram com minhas realizações.

Aos corações e mentes de milhares de pessoas.

Tudo que vivi até hoje está repleto de significado e gratidão. Tudo e todos são uma graça divina em minha vida!

Saiba mais sobre o autor em
www.louisburlamaqui.com.br

Outros livros do autor

Flua: um guia completo para as competências emocionais

A arte de fazer escolhas: insights baseados em princípios quânticos para manifestar seu poder pessoal

TIPOLOGIA:	Cambria [texto]
	Museo e Liquid Embrance [aberturas]
PAPEL:	Pólen Soft 80g/m² [miolo]
	Cartão 300 g/m² [capa]
IMPRESSÃO:	Formato Artes Gráficas
1ª EDIÇÃO:	fevereiro de 2018
4ª REIMPRESSÃO:	abril de 2019